托举的力量

给孩子应对未来的底气

果海霞 著

中国妇女出版社

图书在版编目（CIP）数据

托举的力量 ：给孩子应对未来的底气 / 果海霞著.
北京 ：中国妇女出版社，2025. 1. -- ISBN 978-7
-5127-2451-8

Ⅰ. G78

中国国家版本馆CIP数据核字第2024S589U3号

责任编辑：赵　曼
封面设计：末末美书
责任印制：李志国

出版发行：中国妇女出版社
地　　址：北京市东城区史家胡同甲24号　　邮政编码：100010
电　　话：（010）65133160（发行部）　　65133161（邮购）
网　　址：www.womenbooks.cn
邮　　箱：zgfncbs@womenbooks.cn
法律顾问：北京市道可特律师事务所
经　　销：各地新华书店
印　　刷：小森印刷（北京）有限公司

开　　本：165mm×235mm　1/16
印　　张：13
字　　数：280千字
版　　次：2025年1月第1版　　2025年1月第1次印刷
定　　价：59.80元

如有印装错误，请与发行部联系

序　言

养育的底层逻辑：无条件的爱与榜样

在孩子的成长经历中，来自父母无条件的爱最有力量，这份爱的力量对于孩子来说就是人生的托举。托举，是接纳、是包容、是理解、是支持、是鼓励、是引导，更是帮助他们建立自信和向上的勇气。当孩子遇到困难时，父母能够引领孩子找到解决问题、战胜困难的方法；在当下的学习生活中，父母能够和孩子一起体验“乐在其中”的感受；在生命的长河中，父母和孩子一起探索活着的意义和价值……这些都是对孩子人生的托举。

养育是一个漫长又充满挑战的过程。之所以这样说，是因为这个过程同时包含“养身、养心、养智”三个重要内容。

“养身”是大多数家长做得很用心、很周到的，我曾听一位医生朋友说，现在很难见到营养不良的小朋友，反而是营养过剩的孩子越来越多。

对于孩子“智”的养育，很多家长从孩子出生就开始做准备、做策划。同时，用心更用力。而这也正是当下很多孩子出现“厌学”情绪和行为的根源之一。因为我们所做的“养智”，更多的是关注知识的学习与灌输，少有人关注孩子文化素养的积淀。“心智”是要同步发育的，如果一个孩子的成长只关注“智”的部分，“心”就容易荒芜，这也是当下很多不同年龄段的孩子出现各种心理问题的根源之一。

“养心”是一个漫长的，需要父母用心感受、用心关注、用心浇灌的过程。同时这也是给养育者带来更大挑战的环节。我们很多家长很少关注孩子的情绪、感受、需要……一味地用自己认为对的方式给予孩子爱。而这样的爱是“我认为你需要的爱”和“有条件的爱”。

被“爱”绑架的人一生都在治愈童年

2023 年 10 月下旬，“朋友 30 岁癌症去世，他生前却说得知患癌反而很开心”。名为“大连老湿王博文”的博主发的这条微博迅速上了热搜，内容令无数网友难过唏嘘，也揭开了很多人童年的旧伤疤。

博主的朋友是一个年仅 30 岁的小伙子，博士在读。视频中，博主讲述了朋友生前和他娓娓道来的遭遇：“自小我爸妈就对我要求极其严格，吃饭筷子拿高拿低都要管，衣服只能买黑、白、灰三种颜色，学习上给我设置了非常高的目标。我为了能在家里有一点可以呼吸的空气，不断讨好他们，但每次实现了他们的目标后，他们不仅不表扬，还说这是我的分内事，接下来会给我设定更高的目标。后来我考上了顶尖的大学、硕士和博士，是大家嘴里的别人家孩子。但我活得毫无成就感，我所有努力都得不到家人的正向反馈。我记得我考上 985 大学时爸妈没有一丝激动，还把我赶到快餐店打工。”博主的朋友小心翼翼问父亲：“爸，咱请亲戚吃个饭吧？”父亲劈头盖脸就是一顿骂：“你是老子还是我是老子？人家考上清华北大还没办宴席呢，你不觉得还能考得更好吗？”博主的朋友生前吐露：自己的情绪常年得不到释放，只要一想到爸妈就会浑身哆嗦、心跳加速、彻夜失眠，躯体化现象极其明显，形成了本能的应激反应。因此在得知自己患癌时，他甚至松了一口气，反而觉得是一种解脱、一种自由。

在这条微博热搜的留言评论区，充斥了大量网友的同情唏嘘，并讲述了各自原生家庭的血泪史，纷纷控诉自己被“爱”绑架的成长经历及这些经历带来的深远影响。

阿德勒说：幸运的人一生都在被童年所治愈，不幸的人一生都在治愈童年。

爱孩子是父母的天性、是本能，会爱孩子是父母的智慧、是科学。在孩子心里，父母的爱是他最坚实的后盾，也是孩子最有底气的归宿。我曾经陪孩子看宫崎骏的动画片《哈尔的移动城堡》，其中有一句话：“那些被深深爱着的人，往往更有力量。”而感受不到被爱的人，往往自卑、怯懦、软弱，既没底气，又缺少力量。

无条件的爱给孩子一生的力量和底气

在孩子们的世界里，一直流行着一种“妈妈的爱”叫“你考100分，我就带你去旅游”“你听我话，我就给你买礼物”“你的学习任务完成了，你就可以玩20分钟手机游戏”……当孩子所有的行为都是为了完成“条件”时，孩子已经无法去感受学习的乐趣，无法感受父母的爱……同时，他学会了一个重要的本领，就是像父母一样“讲条件”。

在咨询室里常见这样的来访青少年，当父母厌烦孩子每天和他们各种讲条件时，我想问：是谁教会了他们这么会算计、谈砝码、讲条件？

我之所以爱孩子，只因为他是我的孩子，别无其他。这才是“无条件的爱”。

游戏力创始人劳伦斯·科恩博士讲过这样一个故事：许多父母在陪孩子学英语时都会有烦恼，即孩子不能好好朗读，父母耐心示范、指导，孩子却越来越不愿意开口。

一位老师建议：让家里的宠物狗替代父母陪读。结果神奇的事情发生了——在狗狗的陪伴下，孩子们可以大声地朗读了！

陪娃朗读英语，为什么狗狗陪比父母陪效果更好？原因可能有很多：当父母陪伴的时候，也许孩子读不好而被父母说，于是干脆不开口；孩子读得挺好想歇一下，父母却说趁着进入状态了再读一遍巩固一下；每读一句父母都要纠正一下发音，孩子没了自信；父母示范读得太好了，孩子觉得自己无论如何也做不到……而狗狗陪伴的时候，孩子没有任何压力，只需要按照自己的节奏读就好了。

故事中狗狗的陪伴就是“无条件”的陪伴。不知你是否能够从这个故事中理解“无条件”这几个字的真正含义？

“无条件的爱”背后是父母对孩子的接纳、尊重、允许、包容、支持、关心……

《战国策·触龙说赵太后》中有一句话：“父母之爱子，则为之计深远。”

当孩子能感受到父母无条件的爱，就有积极努力、一往无前的动力；当孩子能感受到父母无条件的爱，无论遇到什么样的困难，都有勇气去披荆斩棘；当孩子能感受到父母无条件的爱，孩子内在就能感受到来自父母灵魂深处的爱与陪伴，从而更加踏实沉稳。

父母无条件的爱，是孩子一生的力量和底气！

给孩子最持久的爱就是帮他树立一个榜样

美国教育家克莱尔曾说："如果你自己都不准备有所成就，你也不能期望你的孩子去做什么。""成就"在此的第一要义就是成为孩子接受的、爱慕的、模仿的父母，第二要义才是在事业和生活等其他方面的成就。

一位初三年级的男孩因多次要求退学，被父母带来做咨询。我问他："为什么想要退学？"他说："我父母说了，上学的目的就是将来有能力去过想过的生活，我现在就能实现这个目标了，为什么还要上学？"我继续问他："你想过的生活是什么样子的？"他说："像我父母一样。"在做家庭访谈时我了解到，孩子的父母在他们 40 岁左右时分别办理了内退，每天在家里过着 60 岁退休后的老年人的生活——遛狗、逛公园、买菜做饭、追剧……逍遥自在，随心所欲。这样的生命状态也潜移默化地影响了他们的孩子。孩子明确表示，他想要过的就是这样的生活，而现在已经实现了，所以，他不想每天那么辛苦地去上学！

有人说，孩子是父母的复印件，父母是孩子的原件。复印件上出现的问题，都需要在原件上做调整，对此我表示部分赞同。父母的言行举止就像一本没有文字的教科书，它会对孩子的终生产生难以磨灭的影响。

我曾看过一个访谈节目，台湾著名学者、年过八旬的柳北岸先生谈起自己的童年趣事，他一桩一桩说得眉飞色舞……他的几个孩子分别是艺术界和教育界的佼佼者，他们都是手不释卷的爱书人。孩子们这份爱书的品质，是柳北岸先生当年颇费苦心而又不露痕迹地培养出来的。柳北岸先生回忆起如何教育孩子时笑眯眯地说："我买了大量的书，放在地上，任由孩子们看。他们把书翻得乱七八糟，东南西北丢得铺天盖地，我一声不响地替他们收拾。隔一段时间，又买进另一批新书，任由他们翻。我从来不逼他们读，可是，他们见我读得津津有味，而满屋子的书又触手可及，一个个都成了爱书人。”

在孩子面前，父母的一言一行都是孩子们效仿学习的样子。如何给孩子树立一个榜样，是值得很多家长思考、学习的课题。作为父母，我们是孩子的第一个也是此生最重要的榜样。我们的行为、态度和价值观都会对孩子产生深远的影响。

在榜样的影响中，父母角色不同，对孩子的影响也不一样。父亲会成为影响孩子的引导者、性格的塑造者、独立自主的支持者、正确价值观的传递者；母亲会成为孩子习得爱与温暖力量的影响者、情绪感受力的提升者、照顾家庭生活与工作事业能力的灵活的创造者。

孩子每天看到的都是父母的样子，他们自然就学会了父母的样子，甚至超越父母的样子。

养育是一项充满挑战和机遇的工作。通过给予孩子足够的爱和榜样，父母能够为孩子创造一个充满爱与和平的世界。在这个过程中，父母不断学习、成长和进步，才有足够的能量持续为孩子树立好榜样。

目 录

CONTENTS

第三章
父母要看见孩子的困境

第四章

引导孩子思考，激发强大内驱力

第五章

顺势而为才能助力孩子奔跑

第六章

“爱”是润滑剂，更是助推剂

第一章

孩子需要父母的肯定

戴着欣赏的眼镜看孩子

母亲节当天，我接访了三组家庭。三个不同年龄段的孩子都呈现出不同程度的无力状态，他们高度自我否定、不接纳自我，有两个孩子甚至多次用伤害自己的方式释放痛苦，从而感受自我的存在，他们内心都觉得自己不够好。

心理学家阿德勒说：“精神上击垮一个人最有效的方式是让其自我否定。”当父母觉得孩子糟糕，孩子才是真的无可救药。

导演姜文曾在采访中挫败地说过这样一句话：“我人生最大的挫折是母亲的差评。”父母的批评、贬低，就像细如牛毛的雨，一点一点将孩子打湿，而孩子需要用一生去驱除身上的阴冷寒气，甚至会导致孩子走进自暴自弃的深渊。

父母是孩子最在意的观众

“七一勋章”获得者、表演艺术家蓝天野先生曾在一次采访中表示，他对自己最在意的角色是“演员”，最在意的夸奖是观众的认可。

如果把孩子的一生比作一场电影，每个孩子都是自己的人生主角，与其他主角的期待不同的是，在这场孩子为自己主演的人生大戏里，他只在意两位观众，一位是爸爸，一位是妈妈，爸爸和妈妈是孩子生命里最重要的两个人。因此，父母对孩子发自内心的欣赏、肯定、鼓励是孩子生命状态的根源。父母能给予，孩子就能在父母的正能量语言里每天被充电、被赋能，从而保持能量满满。父母不能给予，同时还对孩子各种挑剔，孩子就在父母的评判、挑剔、指责中被否定、被耗能，从而导致毫无自信。

人性的本质是渴望欣赏，孩子更是如此，欣赏能让孩子长成参天大树，贬低会导致孩子枯萎畸形。

心理学上有一个词叫“霍桑效应”，是指当人们意识到自己正在被关注的时候，就会刻意去改变一些行为或言语表达。

我们会看到，在生活中，无论多大的孩子，当他认为自己做了什么“了不起”“很棒”“不简单”“超级牛”的事情的时候，哪怕只是捡到一块在太阳下闪闪发光的玻璃片，他都会举起来，开心迫切地喊着：“妈妈，你看啊，你看啊！我捡到的！”他不只是在炫耀一块能把太阳光折射成多姿多彩的玻璃片，他更想炫耀的是：“妈妈，你看到了吗？这是我捡的！这是我捡到的！你快看看我——你的孩子有多棒！”如果爸爸妈妈看到了孩子的这个需求，把他心里想听的话说出来：“天哪！这么漂亮的玻璃片，是你捡到的？你是怎么做到的啊？”当我们这样回应孩子，孩子就被欣赏到了、被赞美到了、被看到了，我们也就成了孩子内心深处最会欣赏他、赞美他的观众。

“欣赏”可以是父母内置的隐形眼镜

父母都渴望自身具备欣赏孩子的能力。但在现实生活中，懂得很多育儿道理的父母想要做到欣赏孩子却非常难。这是为什么呢？

在父母的认知模式里，“欣赏”就像计算机系统里的一个程序设置。在一个人是小孩子的时候，如果父母通过反复表达欣赏式的语言、行为在他的认知程序里内置“欣赏”模式，孩子长大成为父母后，他就会自动化地启动“欣赏”模式，表达对自己的孩子、对他人的“欣赏”。这个内置模式，就像父母内置的隐形眼镜。

这就是我们常说的原生家庭中沟通方式的影响和传承。

父母要学会迭代自己的程序系统

作为父母，无论你感受到自己被内置的模式是“欣赏”还是“挑剔”，都需要随着孩子的成长学会迭代自己的程序系统。

父母要看清自己的这副隐形眼镜，如果是“挑剔”的，就问问自己：它帮我们看到的是孩子的不好还是借由孩子投射了我们对自己的不满意？

“挑剔”视角背后，更多的是父母从小到大对自己不满意的累积，逐一地投射给孩子，我们希望借由孩子疗愈自我的不够好。事实上，这是父母自己的功课，可以尝试学会看到自己做得好的一面与做得不够好的一面，同时看到“好与不够好”背后的资源。只有父母持续在这方面做功课，才能逐渐由“挑剔”转为“欣赏”。

如果我们已经被内置固定的“欣赏”模式，也需要随着孩子的成长进行迭代升级。比如，1 ～ 3 岁的孩子渴望在行为上得到欣赏，3 ～ 6 岁的孩子渴望在能力习惯上得到欣赏，6～12岁的孩子渴望在信念和价值观上得到欣赏，12～18岁的孩子渴望在身份上得到欣赏，18岁以上的孩子渴望在家族系统上得到欣赏，等等。

孩子在成长过程中，非常期待自己成长的每一步都被父母看见并得到父母的支持。被看见、被支持，是孩子奔跑在自我成长之路上的无限动力！

所有的迭代升级都是为了让父母这副“欣赏”孩子的眼镜在“看见”中转化成爱的滋养。只有被爱滋养的孩子才能活出生命的能量，活出自信，活出存在感，活出价值感。

卡耐基说过一段耐人寻味的话：“发现你自己，你就是你。记住，地球上没有和你一样的人。”我们每个人都是独一无二的，既有优点，也有不足。要让孩子明白，只有欣赏自己，才能变得更加强大。

美国心理学家罗森塔尔说：“父母如果在眼界格局上没法帮助孩子，那么请一定要相信孩子，真诚地欣赏孩子，这也是一种超强的养育力量。”

相信孩子才能托举孩子

在咨询室里，一个上高三的孩子告诉我，无论他怎么做，都是错的！所以，他已经不去想怎么做好了，他想得更多的就是能不做就不做。因为，做了会被评判、被挑剔，不做也会被评判、被挑剔，那就不做好了！

事实上，很多来咨询的青少年对自己的不信任都几乎接近冰点，甚至有的孩子直接选择“放弃”自己。

稻盛和夫先生说过：相信自己，你能作茧自缚，也能破茧成蝶！

在孩子的成长过程中，被父母相信，就是孩子破茧成蝶最有力的那股力量。因为，被父母相信的孩子会更坚定！被父母相信的孩子会更执着！坚定的人改变自己，执着的人改变命运。

相信是对孩子最有力的肯定

我大女儿果果从上小学第一天开始，我就把学习这件事完整地交给她。我告诉她，每个人在不同的年龄段都要承担相应的任务。妈妈当下的任务就是先照顾好自己、照顾好你、照顾好姥姥，同时努力做好自己的工作。你当下的任务是学会照顾好自己的身体健康，同时认真完成你的学业。我们互相支持，各自为政。我在工作上好好努力，不给你添麻烦，也不让我的领导找你谈话；你在学业上也做你该做的事情，尽量不让我用太多时间参与你的学业，最好也不让老师因为你的学业问题找我谈话。然后，我在她开学第一天就送给她一只闹钟，从此我们各自忙碌。小学六年，她会为了放学有更多的时间玩，尽量在学校就把作业处理完。而我也从来不问她：你做完作业了吗？都对了吗？你预习了吗？……这些话孩子一听就会感觉自己被高度质疑。

因为信任，我看到她不仅不偷懒，反而对自己的要求更严格。小学六年，果果一直在这样的信任中学习成长。

小升初择校时，我们共同分析了当下面临的实际情况，她主动为自己选择了心仪的中学。

初三那年，新冠疫情开始，整个初三阶段她大部分时间都是在家上网课。当时妹妹还小，一家人挤在房间里，让果果很烦躁，所以她提出要自己一个人住。虽然我对她自己住有着各种担心，但是看着她淡定的目光，我们还是全家举手同意了。

她自己一个人住在附近舅舅家的一幢空房子里。这时，离中考还有不到 4 个月的时间。这期间，她自己安排作息时间，自己收拾房间，做早饭、晚饭（因为中午午休只有一小时，我给她送饭）。3 个多月的时间，都是她一个人生活，我也很少过去打扰她。其间，她也有控制不住自己刷手机到凌晨的时候，她也有上课起晚了迟到被老师点名、被老师训的时候，也有做不出题而自责的时候，也有各种状态百出的时候……每当发生这些事情，我都会心平气和地说："别着急，我知道这也不是你想要的，事情已经发生了，你总会有办法的，妈妈相信你。如果你需要，我愿意和你一起寻找解决问题的办法。”

基于这样真诚的相信，果果越发自信，也积累了更多解决生活问题的“智慧”。

当年的中考满分是580分，她凭借对自己的认真与负责，用中考568分的成绩验证了“自己是可以被相信的！也是值得被相信的”。经历了这些事情后，她对如何为自己的未来做规划非常自信与笃定。

相信是父母给孩子重新认识自己、建构自己的机会

做错、做不好，是孩子成长经历中最常见的状态。每一次做错、做不好，都是为下一次做对积累经验。

在咨询室里，一个小学三年级、数学考了60分的孩子低着头……她断断续续地告诉我，她不喜欢上学、不喜欢学习，尤其不喜欢学数学。我问她为什么，她说不好玩！我说：“你很期待让学习好玩起来？”她说：“是的！我特别希望学习很好玩，尤其是能让数学很好玩。”我继续问她：“你觉得怎么玩数学，你就更愿意接触它？”孩子说：“老师别老讲课，我们可以一起做游戏，我喜欢游戏。”后面我们邀请她的爸爸妈妈一起探讨了数学游戏的形式和内容，在随后两个多月的时间里，爸爸妈妈每天都在家和孩子玩他们精心设计的数学游戏。到了三年级期末考试，孩子的数学成绩达到了94分。

在这一过程中，孩子看到了她是有能力、有信心学会数学、学好数学的。同时，这一过程也让她明白了任何事情都可以找到更有效的解决策略。

孩子和爸爸妈妈都很开心，因为他们一起找到了适合孩子的学习策

略。或许这个策略不是持久有效的，但当下它是能够支持孩子自我认识、自我超越的。后来，孩子再来咨询室，都是挺胸抬头地和我说话了。

在咨询室里，还有一个高三复读的男孩告诉我，他高考落榜后，并没有激发出为复读而努力的动力，因为对他来说，学习英语太难了。我问他，难在哪里？他说，首先单词就背不下来！我和他一起探索了可以尝试背单词的方式方法，随后，他给自己规定了每天背单词的数量和时间。坚持了一个月后，他开心地告诉我："背单词真的很管用，这次英语月考竟然及格了！"

我告诉他，虽然天底下有很多难事，但是只要你真的想挑战，你就会找到突破的办法，重要的是你是不是真的相信"你可以"。后来，这个高三复读的孩子找到了提升其他学科成绩的方法，并在高考时成功"上岸"。

当我们不断向孩子传递相信的力量的时候，无形之中也会增强孩子的自信心，使孩子变得越来越自信、越来越独立。

相信是父母用肩膀托举孩子超越自我的起点

1995 年，身无分文的他决心投身电子商务这个领域，只因他 1994 年在上网冲浪时，偶然进入一个网站，看到使用互联网的人数每年增长的速度居然高达 2300%，所以他觉得电子商务发展前景颇佳。

身无分文的他如何进军电子商务呢？他第一个想到的就是父母。父母听说了他的借钱用意后，两人简单地商量了一下，就将他们仅有的 30 万美元养老金都交给了他。

当时他也没有十足的把握能成功，所以便问父母："要是我搞砸了，还不了钱，将来还可以回家吃感恩节大餐吗？"

他母亲微笑着说："我们对互联网不了解，也不知道电子商务是什么，但是我们了解、信任你——我们的儿子。"

正是有了这 30 万美元的启动资金，他在西雅图郊区的一个车库中，创建了全美第一家网络零售公司——亚马逊。他就是个人财富达 2100 亿美元的亚马逊创始人杰夫·贝索斯。

当记者采访贝索斯，问他收到的最好的礼物是什么时，他沉思片刻说："我收到最好的礼物，就是父母送给我的信任。是他们的信任，给了我无穷的精神力量，才有了现在的我。"

从贝索斯的经历我们可以看到，父母的信任是他的精神支柱，更是他的潜能激发的助力器。

孩子在成长过程中，他们会有自己独立的想法，实践过程中难免会犯错、会走弯路。当我们充分赋予孩子选择权，这等同于给予了孩子面对未知世界的勇气。足够的信任既可以让孩子在试错过程中得到淋漓尽致的发展，相信"相信"的力量，又可以让孩子健康自信地成长，成长为自己独特的模样。

信任孩子，是父母给孩子成长最重要的力量。

父母的掌声让孩子更自信

在学校开展家庭教育课程分享时，经常有家长问：果老师，怎么能让我的孩子自信一些？通常，听到这样的问题，我会笑着反问回去："我很好奇，您的孩子经历过什么，才学会了不自信？"

自信是孩子与生俱来的生命状态，在孩子的成长过程中，什么样的养育方式才会让孩子越来越不自信？有的孩子刚刚上小学一年级，就呈现出各种状态的自卑。

有人说，废掉一个孩子最快的方式，就是不停地贬低他。简·尼尔森博士曾在书中发出这样的灵魂拷问："我们究竟从哪里得到这样一个荒诞的观念，认定了如果想要让孩子变得更好，就应该先让他感觉更糟？"

唯独正面的肯定、认可和鼓励，才是孩子一生成长、成才的动力和底气，这也是一个孩子越来越自信的根源。总结为简单的一句话就是：父母的掌声让孩子更自信！

生命的本质需求是渴望被看见

心理学家阿德勒说：“一个行为不当的孩子，是一个缺乏鼓励的孩子。”

一名刚刚升入高三的男孩，他整个高一、高二的学习状态都是懈怠、无力、应付、无所谓等。妈妈对孩子的学习状态非常焦虑，带着孩子来做咨询。

经过访谈，我发现孩子的生命状态无力的主要根源来自过往的成长经历，在很多关键时刻，他都没有得到父母的肯定。因此在咨询过程中，我的主要工作是带着妈妈和爸爸看到孩子成长过程中的优势、用心努力的地方、孩子渴望被欣赏的部分……四次咨询结束后，孩子有两科高考科目从年级的后几名冲刺到年级第一名。一个阶段的咨询结束，孩子已经完全进入到“不用扬鞭自奋蹄”的学习状态！最后在整个高三阶段，他的成绩提升了近200分，如愿考入首都医科大学。

心理学研究表明，如果父母能在生活中多给孩子一点正面反馈，孩子就会自信、乐观和积极。

有这样一个真实的故事。一位妈妈在厨房洗碗，听孩子在后院蹦蹦跳跳玩耍的声音，便喊道：“你在干吗？”孩子回答：“我要跳到月球上去。”妈妈微笑着对孩子说：“好啊！不要忘记回来喔！”这个孩子后来成了人类第一个登上月球的人，他就是阿姆斯特朗。

妈妈给予孩子正面回应，孩子能感受到来自父母的鼓励、尊重和信任！

孩子自信的来源就是家长的肯定和接纳。关键是，我们是否相信我们的孩子，每一个生命都有它独特的美。

这就是孩子，你说他行他就行，你说他不行他就不行；你为他鼓掌，他会给你一个又一个惊喜。

美国加州大学哲学博士詹姆斯·多伯林提出一个“补强法则”：“被父母的掌声鼓励的孩子，内心会滋生一种力量，这种力量会融入骨血，当他们遇到困难的时候，他们可以很自信地对自己说：我是最棒的，我可以！”

父母不吝啬自己的掌声，孩子才能爆发出巨大的成长能量。

被父母看见是孩子打破自我能力界限的重要动力源

在高三的后半学期，果果的理科学习遇到了越来越多的困难。尤其是化学，有一次月考居然只考了45分。这对从来没有过不及格的她打击非常大！放学后的傍晚，我们俩沿着长安街散步，她边走边哭，说化学有多难，说自己有多么糟糕、多么差劲、多么没脑子……

我搂着她的肩膀，和她说：“当你看到45分的成绩有这么强烈的情绪时，我就知道，事实上，你根本不相信这45分是你真实的成绩！你认为你可以学得更好，你可以考到更高的分数。”

然后我们俩一起探讨能够学会、学懂化学同时又能提分的学习方法和学习策略。我们探索出了三四个提分的学习路径，最后孩子说：“妈妈，其实对我当下来说，最好的方法就是刷题，一边刷题一边梳理知识点并做总结，这是我站在45分的台阶上向上走的最佳途径。”

我被她冷静又理性的分析震惊了，马上给她超级肯定的掌声。我说：“你说得对！你选择的一定是最适合你的方法，闺女，试试看！”

结果一个月后的月考，她的化学成绩就从45分提升到了65分！当她把这个喜讯告诉我，我继续给孩子肯定的掌声：“闺女，你很知道自己用什么方法可以学得更快、更好！按照这个提分速度学下去，高考前你的化学成绩就能到 100 分啦！”

闺女认真地说：“妈妈，没有你想的那么容易，越往后学习难度越大。”我说：“是的！孩子，重要的是你知道怎么做能提升你的学习成绩。”经过半年多的努力，高考时，她的化学成绩是 88 分。

在父母的掌声中被“捧场教育”养育出来的孩子，会一点点打破自己的界限，相信自己无所不能，活出无限自信和能量。

而在父母吝啬掌声的“贬低教育”下养育出来的孩子，一辈子都会活在自我怀疑中，他们总在寻找生活的价值和意义，变得敏感、自卑又怯懦。

美国心理学家詹姆斯·杜布森曾一针见血地指出：“让孩子失去自尊的方式有千百种，但要替孩子重建自尊，却是一个缓慢困难的过程。”

因此，父母送给孩子最好的礼物就是掌声！掌声背后，是欣赏和相信的力量，它比任何财富都宝贵。

孩子期待父母真诚的鼓励

鼓励对于孩子，就像水对于植物一样重要。

我国著名教育家陈鹤琴先生曾提出：“积极的鼓励胜于消极的制裁。”

一位刚上初一的小来访者，他对生活、学习中的任何事物都不感兴趣。他妈妈说，孩子每天都是在自己的逼迫下才写作业，而且即使被逼着也很懈怠。他妈妈说自己总是被考验、被挑战，从开始的好言好语到情绪逐渐外溢，到最后崩溃大吼……每天几乎都是这样的节奏。

而孩子对于妈妈的说法却完全不认同，小来访者说：“我从小到大就没做对过什么事，我做什么都被妈妈指责、批评，我什么都做不好，所以，现在我什么都不想做。”

在孩子的成长过程中，父母关注哪里，孩子就会把注意力放在哪里。父母关注孩子做不好的方面，孩子就会有更多做不好的方面；父母关注孩子做得好的方面，孩子就会呈现出更多做得好的方面。

在孩子做对的时候多鼓励

很多家长都曾问过我，什么时候鼓励孩子最合适？我说，在孩子做对的时候。

我的二宝上小学一年级时，她对数学中的加减法需要慢慢地想，需要用手指数来数去才能计算出答案。在课堂上用同样的时间做口算题，10 道题，她只能答对 3 道，因为对她来说时间不够用。她问我："妈妈，我是不是很笨？"

我问她："没有做对的题是真的不会吗？"她说："不是。下课后我都改对了！"我告诉她："第二次做这些题你就能做对了，说明你不是笨，你只是需要更多的时间慢慢计算。因为你和这些数字还不熟悉，所以，宝贝，你需要更多的时间去和这些数字做朋友，和这些算式做朋友。当你和它们越来越熟悉了，你就能用更快的时间计算出答案啦。"

现在，在数学学习中，她依然没有其他同学反应快，但是她不再认为自己很笨，而是相信自己只要慢慢想、慢慢做，一定能做对！

在孩子做对的时候给予鼓励，父母传达给孩子的信息就是"我相信你有能力为自己负责"。如此，孩子会更关注自我能力的成长，也能够正确地看待自己的能力发展。

在孩子做对的时候给予鼓励，孩子就会有敢于接纳和尝试错误的勇气；孩子能自己评价进步并做出决定，进而能体会到为自己负责的乐趣。同时，孩子不会在乎外在的他人评价，不会害怕被否定，不会被外在所干扰或控制。

鼓励孩子关注自己努力的过程

父母给予孩子鼓励时，一定要真诚、实事求是，一方面要重视孩子的优势，另一方面也要关注孩子的进步。

20 世纪初，在马德里圣费尔南多皇家学院，一个靠叔叔萨尔瓦资助得以求学的孩子忽然爱上了逃课。因为他迷恋上一个地方：普拉多美术馆。在那里，他享受着艺术的盛宴。后来，他越发着了魔，干脆跑到大街上写生，足迹遍布整个马德里。叔叔知道他逃学的事情后，失望地中断了对他的接济。后来，猩红热迫使他回到了巴塞罗那，父亲既失望又生气，对他渐渐冷淡。只有母亲洛佩斯拍着他的肩膀说："孩子，妈妈相信你。要是你当兵，就能做将军；要是你当教士，就能做教皇。"孩子被母亲的话深深打动，他重新鼓起了勇气。从那天开始，他把所有作品上的署名正式改为母亲的姓氏——毕加索。

天才的动力来自母亲的鼓励。而母亲正是看到了孩子的优势，看到了孩子痴迷写生的过程。

父母真诚的鼓励教育的核心是重视孩子的每一次努力和进步，而不仅仅关注结果。当孩子面对困难时，我们应该给予肯定和鼓励，让他们重视努力的过程并认清努力背后的价值。无论是小小的进步还是艰难的尝试，都应该得到父母的赞赏和鼓励，从而激发孩子的自信心，让他们在成长过程中保持积极的态度。

第二章

请把自主权利还给孩子

保护孩子的主动性，尊重他的选择

教育部《3 ~ 6 岁儿童学习与发展指南》编写组专家、北京师范大学发展心理研究所教授、博士生导师陈会昌，对儿童社会行为与家庭教养方式进行了长达 19 年的追踪研究后有一个核心发现：主动性和自制力是孩子成长过程中最重要的“两颗种子”。

主动性，是所有孩子与生俱来的天赋能力。主动性指的是一个人在行动或做决策时展现出的主动寻求和采取控制的态度和能力。具有主动性的人通常能够根据自己的目标和价值观积极主动地行动，不仅能够自我激励和推动自己前进，还能够主动寻求问题的解决方案和创新，不依赖他人的引导或监督。拥有主动性的人在工作和生活中往往更具有创造力、自我调节能力和适应能力，能够更好地应对挑战和压力，从而取得更高的成就。

小婴儿、小孩子对这个世界充满好奇心。刚刚会坐的小朋友，看到眼前有东西，他会挪着屁股、伸着小手向前去够那个东西；会爬的小朋友就更自由了，噌噌噌几下爬过去，拿起让他好奇的东西；会走的小朋友就更有力量了，只要他好奇的地方、物品，他就会走过去摸、拿、玩……孩子再大一些，想法也多了，开始有了自己的各种探索与尝试。这些好奇的探索与尝试的表现就是主动性。

《小王子》的作者圣－埃克苏佩里说：“如果你想让人们造一艘船，不要雇人去收集木头，不要发号施令，也不要分配任务，而是去激发他们对海洋的渴望。”对孩子来说也是如此，唯有自发的内驱力，才能真正让他不断向上、进步。

孩子的每个主动性都值得被保护

果果在小学二年级时问我：“香水是怎么制作的？”我说：“这个问题好专业，专业得我都不知道答案。”她说，她觉得就是把花放在水里，静置一段时间后，就变成了香水……我被她的想法逗乐了，同时鼓励她可以试一试。

她从院子里捡了很多落下来的花瓣，装进矿泉水瓶里，装得满满的，然后把瓶子灌满了纯净水，再把装着水和花瓣的水瓶埋在了院子里的一棵小树旁边。一周后，我们把秘制香水瓶挖出来，结果发现水已经臭了。

果果很好奇，为什么花瓣水没有成为香水，反而成了臭水呢？

我们俩回家查阅了香水的制作流程，了解了为什么花瓣闷在水里会腐臭。查完资料后，她说，原来很多事情都不是我想的这样简单啊！我说，是的，事实上，香水的制作是很科学、很专业、很复杂的过程。不仅香水制作是这样，生活中的很多事物的制作过程都不简单，需要我们具备一定的专业基础。

这就是保护孩子主动性的过程。

保护孩子的主动性，就是鼓励他们去探索、学习和思考，这对于他们的成长和发展至关重要，而不是因为担心安全或错误而限制他们。

孩子的每个主动性选择都值得尊重

孩子的每一天都是在不断成长变化的，对于孩子的问题，父母一定要用动态的眼光去看待，千万不能以“孩子还小”为理由和借口拒绝，让孩子失去成长和锻炼的机会。

妈妈，我想先玩一会儿再写作业……

妈妈，我想去公园骑自行车……

爸爸，我想在房间的窗帘上画上春天的树叶……

所有的主动性选择背后都潜藏着孩子的“我想要”的理由。如果孩子的主动性选择不是危险的、伤害性的、破坏性的，我们应尽量尊重他们的选择，即使不完全符合我们的想法。这样可以增强孩子的自信和自尊，同时也可以鼓励他们更多地参与决策和解决问题的过程。

另外，当选择发生后，我们要和孩子一起复盘：在执行完你的选择之后，哪些环节你觉得特别满意？哪些环节你还有些许不满？你认为在做选择之前还有哪些细节需要重点思考或重新评估？

当孩子的选择与父母的想法有巨大冲突时，请先允许孩子充分表达自己的想法和感受，倾听他们的声音并尊重他们的情绪和观点。这样可以建立良好的沟通和信任关系，让孩子更愿意与你分享自己的想法和体验。然后可以和孩子一起分析每种选择的利弊，或每种选择背后面临的挑战和机会，既激发他们的求知欲，鼓励他们不断尝试新的事物并发展自己的技能和兴趣，又让他们体验到在成长过程中可以获得更多的经验。

最后，让他们自己做选择，让孩子独立思考和做出决定可以培养孩子的责任感和独立性，同时也让他们学会承担后果和处理问题，而不是武断地将自己的想法凌驾于孩子之上。

激发孩子的主动性是父母的重要功课

很多家长问我："给予孩子选择权，是否会被孩子滥用？"事实上，当家长有这种担心的时候，就是不信任孩子的选择。选择的结果没有对错，只有适合与不适合，重要的是孩子如何看待自己的选择，选择给孩子带来了哪些成长和经验的累积。

面对选择，有的孩子会因为习惯服从而不自己做选择，有的孩子会因为害怕放弃而逃避做选择，有的孩子会盲目做选择，有的孩子会理智地权衡后做选择……

那么，家长该如何支持孩子成长呢？

我们可以尝试这样问孩子：

1. 做这样的选择能给你带来什么？这是你需要的吗？

2. 你对这个选择有什么期待？如果它实现了会是什么样子？

3. 如果这个选择的结果不是你想要的，你能接受吗？你接下来会做什么新的选择？

要激发孩子的"主动性"，父母更新自我对教育的认识是重要前提。

受传统教育的父母，在养育孩子的过程中往往更强调纪律和规则，同时会对孩子施加过多的压力和限制，导致孩子缺乏主动性和创造力。而孩子们接受的素质教育更加注重培养孩子的自主性、创造力和解决问题的能力，鼓励孩子在学习和成长过程中主动地探索和尝试。

就像计算机系统需要持续迭代更新一样，父母也需要通过学习持续更新自己的教育观念，从过度干涉和控制孩子的行为，转变为给予孩子更多的自由和独立性，给孩子创造一个自由探索和尝试的学习环境，激发他们的好奇心和求知欲，让他们主动提出问题和寻找答案，鼓励孩子自己思考、自己解决问题。同时，父母要及时给予肯定和鼓励，激发他们持续努力和探索，让他们在成长过程中更加自信和成功。

提升沟通技巧是激发孩子主动性的关键

孩子很在意自己是否能够真实地表达自己的想法和需求，同时，他们更在意自己是否能够被父母倾听、理解。“耐心与尊重”是很多孩子对父母倾听自己的期待；在沟通过程中，孩子非常期待得到父母的正向认可、积极肯定和鼓励，这个过程能让孩子感受到他是被支持的。遇到困惑与迷茫，是孩子的常见状态，这时孩子最渴望的是得到父母的建设性的反馈和指导，帮助他们认识到自己的优点和不足，引导他们更好地成长和发展。

被激发出主动性的孩子，才会呈现出我们期待的阳光、积极、上进、开朗……

鼓励孩子参与家务劳动、家庭建设是激发孩子主动性的重要途径

别小看倒垃圾、刷碗、擦桌子、叠衣服、清理卫生间等家务活，孩子经常参与其中，有助于锻炼和提升责任感、自主性、解决问题的能力，还会扩展他们的技能范围和能力边界。同时，在参与家务劳动的过程中，孩子还可以学会如何缓解压力、管理时间和团结协作等重要的生活技能。这些技能不仅在家庭生活中非常重要，对于孩子将来进入社会和职场也

非常有益。同时，通过承担适当的家务劳动，孩子可以持续性检验自己的能力，体验付出带来的成就感和价值感，增强自信心和自尊心，这对他们的成长和发展非常重要。因此，家长可以根据孩子的年龄和能力分配家务劳动，同时给予适当的支持和指导。

允许越多，孩子就越自主

允许，是父母对待孩子成长过程的一种姿态。允许就像一只大容器，不过有的是碗、有的是盆、有的是锅、有的是湖泊、有的是大海、有的是大地……

允许的背后，考验的是父母内在的心理高度、宽度、长度、深度，考验的是父母的心理柔韧性。这份柔韧性是根据孩子的各种表现可伸可缩、可高可低、可大可小的一种状态。

允许孩子表达自己

在家庭养育中，很多孩子在家里是不被允许表达的。因为父母在意的不是孩子的需求，而是如何把自己认为“对的”给到孩子。

一个大一的学生来做咨询，他的困惑是，他不知道如何去面对新的学校、新的同学、新的生活。他说话的声音非常小，我坐在他对面都听不清。在咨询中，他告诉我，从他上小学二年级开始，就一直有同学欺负他、嘲笑他、侮辱他……我问他，你和爸爸妈妈说了吗？他说，开始的时候会说，但是说完了，不但得不到爸爸妈妈的支持、帮助，还会被他们各种教导。他们会让他学习大声呵斥同学，去告诉老师、打回去……这些教导他无论怎么努力都做不到。所以，后来他就很少和父母说自己在学校的遭遇了……现在，他已经上大一了，他依然不知道如何和同学相处，不知道如何与宿舍里的舍友相处。这种“不知道”背后还藏着他对同伴关系的害怕与恐惧，因此，“想退学”的想法经常会在面对人际交往的困难时在脑海中浮现。

当孩子习惯了不被允许表达，他也就关闭了心门。当孩子关上了心门，父母就很难知道孩子在想什么了。不敢表达自己的孩子是永远藏在人群中、角落里，最害怕被关注的。

允许孩子为自己做选择

有一名大三的学生来访，他说自己很痛苦，不知道自己要什么。我问：有这种感受多久了？他说从小就有。我问他：“怎么感受到不知道自己想要什么的？”他说：“上初中的时候，同学们都会谈自己的想法和需求，我就发现我没有这些想法和需求。我父母让我做什么我就做什么，不让做什么就不做什么。从小到大，家里的亲朋好友都说我是乖孩子，到现在我还是什么事情都问妈妈，对身边的人、事、物也不关心、不感兴趣，在学校也没有什么朋友。”

当一个孩子放弃了为自己的需求做选择，他就会对他人产生依赖心理，自我需求会逐渐被抑制甚至逐渐丧失好奇心和创造能力，害怕尝试新鲜事物，不敢主动结交朋友；因为事情都由父母安排好，自己不用思考问题，不用寻找解决方案，做事就会畏首畏尾，行动力弱或不行动，因为这样就不用承担责任了。这样的孩子一般在生活中普遍缺乏主动性和积极性。

当然，孩子做选择也需要父母的引导。我家二宝近来特别喜欢涂指甲油，有一天她自己把指甲涂得漂漂亮亮的上学去了。老师看到后私信我，要她把指甲油洗掉。二宝放学回到家，我先夸奖了她的指甲油涂得漂亮，然后告诉她：首先，你比妈妈勇敢，妈妈上学的时候，不敢去做老师不让做的事情；其次，你比妈妈有美感，你选择的指甲油都很漂亮。

二宝说："我喜欢让指甲漂漂亮亮的。"我说："是的，你喜欢指甲漂漂亮亮的，那咱们怎么做才能让指甲既漂漂亮亮的，又不被老师说呢？"

二宝笑着说："我能不能涂一个看不出来的颜色？"

我说："好啊！这个方法好，我给你点赞。"

第二天，孩子的指甲什么都没涂，干干净净地去上学了。

孩子为自己做选择的过程，也是他探索自己欲望的过程。从什么都想要，到选择要什么，甚至经历选择失误、失败、错误等之后，才会逐渐学会选择，学会做出适合自己的选择，学会做正确的、成功的选择。

允许孩子犯错

在现实生活中，对孩子最有益的支持不是教导他永远不要犯错，而是允许孩子无数次犯错。我能理解养育者们竭力避免孩子犯错是为了让孩子远离伤害和失败。但也正是这个看起来"很对"的信念，让很多孩子越来越害怕犯错，越来越不敢犯错，甚至到最后宁可什么都不做。

一个小学五年级的男孩，语文考试考了 45 分。妈妈为此很崩溃，便请了多位老师来给孩子补课，都被孩子"什么都不做"气走了。

我问孩子："你觉得在语文学习过程中，哪里出了问题？"

他想了想，认真地说："我很多字都不会写。"

我问："那些字很难吗？"他说："不是。"

我问他："你会刻意练习字词书写吗？"他说："不练。"

我问："为什么？"他说："一写错了就被骂。"

我又问："还有哪些问题让你的语文成绩不高？"他说："文言文背诵和作文。"

我问："文言文背诵的难题是什么？"他说："背不会。"

我问："会去背吗？"他说："不背。"

我问："为什么？"他说："背错了就被骂，急了还被打。"

在咨询过程中，孩子讲述了他和父母之间的很多故事，讲得惟妙惟肖。我说，从你的表达看，你的写作能力应该是很优秀的！他说："我可以说，但写不出来，我一写作文就被批评写得不好。"

这是一个典型的因为"害怕犯错"而采取"不去做""不想做"的方式保护自己的孩子。一个总是被限制的孩子，会变得越来越胆怯、越来越犹豫不前。因为看不到自己的更多可能性，孩子的能量也变得越来越匮乏。

这些孩子不相信他们的能力是被肯定的，是可以通过努力而得到提升的。他们不会积极地面对挑战，做不到不怕犯错并通过反思错误来不断提升自我。他们宁愿待在"我不会"的模式里：反正我已经"不会"了，你还能说什么?！

家长逼迫孩子去做同时又不许犯错的背后，是强迫孩子停止尝试、停止进步。从教育心理学的视角看，允许孩子犯错并从中学习，实际上是在培养他们形成科学探究精神、批判性思维，提升解决问题的能力。

在当下孩子们的成长经历中，家长欠孩子很多的"允许"，如允许孩子顶嘴、允许孩子拒绝、允许孩子贪玩、允许孩子忘了写作业……这些

“允许”背后正是孩子被赋予了犯错的权利，他们只有在经历失败后才能学会如何调整策略、克服困难，进而逐渐形成坚忍的性格和强大的心理承受力；更是很多家长期待的孩子要具备解决问题的能力必经的成长历程。只有经历了犯错，孩子才会重新思考如何改进，如何避免再犯错，如何找到新的解决方案。犯错之后，家长平和地与孩子一起面对错误并寻找解决问题的方法，同时让问题得以真正解决之后，孩子会从中获得巨大的因为战胜困难而带来的成就感和胜任感。同时，孩子会形成新的认知：我可以掌控问题、困难。获得掌控感的孩子，再遇到困难或挑战时，他会迎难而上，寻找更灵活的解决方案，从而获得成功。

孩子得到的“允许”越多，孩子的体验越丰富，成长的价值就越珍贵。当然，允许背后涉及界限的问题，例如，伤害自己的事情不能做，伤害别人的事情不能做，破坏环境的事情不能做，等等。只要我们给予孩子更多的允许，孩子的未来就有更多的可能性，他的世界就会变得越来越丰富。

允许孩子为自己的梦想奔跑

我有一个大学生来访者，他毕业后一直不找工作。我问他为什么，他说不知道自己想做什么，也不知道自己喜欢什么，更不知道自己能做什么。我继续问："如果有一件事你很愿意去做，也很开心去做，会是什么事？"他说："出去玩儿，或者旅游……"

在做家庭访谈时，我问爸爸妈妈，你们最向往的生活状态是什么样子的？爸爸说：退休、遛狗、买菜、做饭……妈妈说：赶紧退休，我累着呢，什么都不干，在家躺着就成……

大家有没有从孩子的生命状态中看出什么？是的，有父母的影子。

我经常说，孩子的生命状态就是父母生命状态的再现。不是退休不好，不是享受生活不好，而是在父母的生命状态中，我们感受不到生命中积极探寻、努力向上的那部分动力。所以，在孩子身上，我们无法感受到这部分力量。

这对父母对孩子的状态也很担忧，却看不到根源在自己这里。

在咨询中，很多青少年来访者的困惑点是不想学习、不想去学校、不知道自己要什么、不知道自己活着的意义……在父母眼里，这些孩子在父母努力为之创造的优越环境里进入了“摆烂”状态。同时，父母也很困惑：为什么现在条件这么好，没有任何压力和负担，只需要做好学习这件事，但孩子却不想学习呢？

是的！这是很多孩子的现状。我们见过的大多数父母都是这样的：把孩子或家庭成员的需求放在自己面前，无条件地付出，不求回报。很多人会慢慢发现，他们为了家庭、孩子放弃了自己的梦想，他们已找不到自己在哪里，甚至成为没有计划、没有目标、没有方向、没有“自驱力”，等着退休的一代父母。同时，他们又在找不到自我、对自我不满意的高度焦虑中各种控制、要求、命令自己的孩子好好学习、天天向上。

父母要先学会为自己奔跑

美国神经心理学家威廉·斯蒂克斯鲁德博士认为，孩子只有在自己主导生活并获得想要的人生方向时，才能产生“自主性”，继而产生人生动力。对培养孩子自驱力来说，最好的教练就是父母。

高三的小成每天被妈妈各种高管控地安排学习、生活。直到有一天，当他告诉妈妈，他自己什么都做不好，他觉得活着好无聊的时候，妈妈才突然惊醒，来向咨询师求助。

这就是典型的空前焦虑的一代家长，抚养出迷茫、无力、焦虑的新一代。当我们只会做“虎妈”“狼爸”“直升机家长”“割草机家长”时，当父母迷失了自己，不知如何为自己奔跑时，孩子怎么可能学会为自己奔跑呢？

父母也需要追求自己的梦想，当孩子看到父母为自己的梦想和目标奔跑冲刺时，他也能感受到父母生活的动力和追逐的精彩。

我的一位学生家长，每年都报名参加半程马拉松赛跑。到他 50 岁生日时，他送自己 50 岁的礼物就是报名了一场全程马拉松比赛。他的梦想就是退休了去做一名马拉松比赛的志愿者。他向我们这样解读他对马拉松的理解：人生就像一场马拉松，不是速度快与慢的竞争，而是坚持与放弃的抉择。每个人都背负着不同的使命和期待，在人生的道路上奔跑。有时候，我们会感到疲惫不堪，甚至想放弃。然而，当我们停下脚步回望来时的路，会发现那些汗水与泪水已成为我们成长的印记。在这场马拉松中，我们或许会经历许多曲折与挫折，但正是这些艰难的时刻才让我们懂得珍惜眼前的美好。而奔跑的意义，不仅在于抵达终点，更在于沿途的风景和陪伴我们走过的每一个人。为自己奔跑，意味着不断挑战自己的极限，超越自我。在奔跑的过程中，我们学会坚持、学会勇敢、学会担当。每一次跌倒，都是成长的契机；每一次流泪，都凝聚着不屈的力量。

这位家长的孩子在爸爸的影响下，既是一位优秀的青年画家，又是一位世界文学爱好者。她说：绘画是我的生命，我要用颜色涂抹一生、绽放一生，而文学是我的精神世界，是我的灵魂；只有坚持在精神世界畅游，我才能捕捉到更多的灵感来描绘我眼中的这个世界。

当父母为追求自己的梦想启动了奔跑模式，榜样的效应也就在家庭中潜移默化地发生了。

允许孩子有自己的目标

我有个学生叫小鸣，她从小喜欢文学创作，初中时在全国各类报纸杂志上发表了若干文章，高考填报志愿时选择了某大学的电视编导专业并如愿以偿。毕业后，每家就业单位都曾帮助她实现了当时的部分梦想，人到中年，依旧笔耕不辍，坚持学习，一路读研读博，最后在一所大学里任教。她曾说："一路走来，或许我没有那么多的收入，但是我一直都很开心，因为所有的选择都是我为自己决定并为之努力的！当我成为一名大学老师时我才发现，或许这才是我最想要的状态——持续成长，教书育人。"

你是否羡慕我这位学生敢于为自己的梦想奔跑的生命状态？

在现实中，我们常看到一些孩子是下面这样的。

一个高职的孩子对妈妈说："妈妈，我想学习法律，将来当一名律师。"妈妈说："就你？那些法规法条多难背啊，你背得下来吗？你毕业了就能进律所吗？人家五院四系的毕业生都有好多人找不到工作，你一个高职毕业生谁会要你？就算要了你，你能进体制内吗？……"结果孩子一句话都说不出来。因为，他正在读的是妈妈帮他选择的大概率能进体制内的专业，而孩子的内心深处依然对法律专业充满向往。

这个孩子就是我的一位来访者。我之所以对他印象深刻，是因为他经常半夜给我发短信，说他很痛苦，他快坚持不住了。面对父母的执着，咨询师很多时候也无能为力。

不知道有多少父母允许孩子有自己的目标，并支持孩子为自己的目标努力奔跑、勇往直前，用奔跑的姿态诠释生命的精彩。因为每个孩子都可以在奔跑中找到真实的自己，在奔跑中用坚定的步伐书写属于自己的传奇。不论岁月如何更迭，不论世事如何变迁，他们都不忘初心，勇敢地去追逐梦想。终有一天，他们会骄傲地站在那里为自己曾经的奔跑而喝彩。

引导孩子多说“我想”，帮他建构自我能力

在孩子的成长过程中，他们总会有一些离奇的、天马行空的、随心所欲的想法。这些想法会让他们无法抑制地兴奋，就像由地下向上喷涌的泉水，不由自主地从内心深处向外冒。

“我想……”背后那股无法抑制的力量，来自兴趣的唤醒。

所有的“我想……”里都藏着一个孩子的自我成长经历。

“我想……”是一种自我探索

二宝小时候特别挑食。我问她：“为什么喜欢土豆，不喜欢西蓝花？”她随口回答：“西蓝花丑！”这个逻辑让我一头雾水。我问：“什么样的西蓝花会让你觉得漂亮呢？”她说：“站着的。”……我瞬间卡住了！妹妹说：“对！我想吃能站着，像大树一样的西蓝花。”我把一盘炒过的西蓝花端给妹妹，让她告诉我什么叫“站着”的西蓝花。结果，她用手把西蓝花立起来，摆成了一片浓郁的树冠……然后笑着说：“妈妈，

你看这个西蓝花树是不是很漂亮？”我发现，经由她的小手摆出来的西蓝花确实很漂亮，像一个浓密的绿树冠。然后，她竟然开心地吃光了这个她亲手摆放的“树冠”。

我又好奇地问妹妹：“杂乱的西蓝花和被摆成像‘树冠’状的西蓝花的味道有什么不同？”妹妹说：“有大树的味道。”

或许这是妹妹对食材的另一种探索方式，也让我重新理解了美食的定义。

在妹妹上幼儿园期间，她经常会有各种成年人认为的“馊主意”。

她说“我想成为宇航员”，然后她会把客厅里各种能挪动的桌子、椅子拉在一起，甚至把枕头、被子、毛巾、靠垫等各种她能利用的东西搭在一起，搭出她认为的“宇宙飞船”，然后自己穿梭其中，就好像她在宇宙中穿行的感觉……

无论她的“我想……”是什么，对妹妹来说，都是一种探索和尝试。这个过程有很多成功的、愉快的经验，也有很多失败的、糟糕的经验。

每一个孩子都是一颗充满可能的种子，他们的“我想……”是一种对自我能力和梦想的探索。无论什么样的经验，对妹妹来说都只是一种经历。只是在经历的过程中，她对自己的“我想……”增加了更多的调整和深度思考。

“我想……”是一种对自我能力的重新建构

每个孩子都是一个潜在的科学家和探险家，他们用独特的方式探索世界、表达自我。我们常常听到孩子说“我想……”，这不仅是一种表达自我意愿的方式，更是一种对自我能力的重新建构。

在咨询室里，小川跟我说：“我不想去上学，我想在家休息几天。”

我问他为什么要在家休息，他给了我好几条理由。例如，老师讲的课听不懂，同学们上自习课总说话，去学校也不愿学习……最重要的理由是，他自己在家可以更安静地学习。后面我和他父母沟通完，父母也如他所愿，同意他在家休息。一周后，当他再来咨询室，我问他："这一周你在家学习的感受如何？"他并没有表现出多么开心，而是说："一点也不爽！一个人在家学习，开始还觉得很好玩，没过两天我就觉得很无聊。主要是没有人和我说话，也没有人和我玩。自己看书刷题也经常看不懂、刷不对，看了答案才能知道怎么做。重要的是，我没去的这一周，竟然有连着三天的游学活动。气死我了！"

我告诉他："是的，我们在为自己做选择的时候，经常不知道会经历什么样的过程和结果。同时，我们需要为自己的选择承担这个过程和结果。"

我接着问："经历了这一周，你有什么新的想法？"

小川说："不能随便请假，要和大家节奏一致，这样才不容易错失很多好玩的事情，才能不遗憾。听老师讲课怎么也比自己学习要轻松容易得多。"

后来，小川很少再逃课请假不去学校了。

自我选择的这个过程，也是小川内在自我的持续建设过程，其中隐藏着他对自我能力的"自以为是"，也有着在践行后的重新建构的内化。他们开始尝试理解自己和周围的世界，尝试用自己的方式去探索和表达。他们不再是被动的接受者，而是主动的探索者。他们开始相信自己的力量，相信自己有能力去实现自己的想法。

"我想自己从西城坐地铁回顺义的姥姥家。"果果在小学四年级时向我提出这样的请求。当时她还没有手机。我问她："你想好了？"她点头确认。

“中间要转 3 趟车，你会看站牌吗？”“如果坐错车怎么办？”“发生了其他事情怎么办？”……我连着问了她一些预设问题，结果她都能给出解决办法。我便同意了。

两个多小时后，我接到了姥姥打来的电话。姥姥告诉我，女儿已平安到达。我那颗“提着”的心才放下来。

孩子们天生就有一种冒险精神，他们喜欢尝试新事物，挑战自我。他们尝试攀爬高高的树干，跳进深深的河里，独立完成一项任务。这种挑战让他们学会了自信和勇气，也让他们更加了解自己的能力。

孩子在成长经历中对于“我想……”做的事情，尝试越多，体验越多，生活经验越丰富，对自己的认知就更清晰，越容易形成积极向上的自我建构。这种自我能力的重新建构，对孩子的发展至关重要。它不仅有助于培养孩子的自信心，也有助于培养他们的创新精神和解决问题的能力。当孩子说出“我想……”时，他们正在向世界宣告他们的存在、他们的想法、他们的梦想。这是一种勇敢的表达，也是一种自信的表现。

同时，这种自我能力的重新建构也离不开家长的引导和支持。家长可以通过一些方法帮助孩子更好地实现自我能力的建构。例如，可以提供适当的工具和资源，如书籍、网站、视频等，帮助孩子扩大视野、提高技能；还可以提供一些反馈和指导，让孩子知道他们的进步和不足，从而更好地调整自己的方向和策略。

“我想……”是一种自我创造

孩子们的好奇心驱使他们不断尝试新事物，了解更多。他们想知道为什么太阳会升起，为什么鸟儿会唱歌，为什么自己不能像鱼一样在水里游……这种好奇心让他们不断探索、不断学习，从而培养出求知欲和探索精神。

新冠疫情期间，孩子们都放假在家上网课。我曾经的一个来访者高中生小栋打电话给我，他说："我想去做社区服务志愿者，协助社区每天开展核酸检测工作。"我告诉他："你的这个决定让我很敬佩你有爱、奉献、服务的精神！同时，你需要征得父母的同意和支持。"

后来，小栋父母给我打电话，对于孩子提出的这个要求他们很纠结，不知该怎么办。我们和小栋一起分析了他的想法可能带给他的利与弊，同时讲了很多参与志愿服务需要做到的自我防护的方法……最后，把选择权交给了他。小栋坚持自己的想法，后来，只要没有网课，他就到社区报到，积极投入到核酸检测的服务工作中。

在参加志愿服务过程中，小栋发现很多人排队等着做核酸时很无聊，尤其是像他一样的青少年学生，于是他打印了很多中高考必背古诗词卡片，在维持队伍纪律时发给这些学生。他一开始只是发古诗词、文言文原文，后来他又在卡片上做注解，在卡片背面做翻译解读……小栋制作的卡片深受孩子们的喜欢，很多孩子甚至找到他要成套的整理好的内容。这让小栋结识了很多本小区和周边小区不曾认识的同龄人。在整理打印这些古诗词、文言文的过程中，小栋自己的积累能力也得到了快速提升。高考时，小栋的语文考了 142 分。

在"危险"与"奉献"中坚持了半年多的志愿服务，给小栋带来了不一样的人生体验，同时也让他体验到了更多的为他人服务的途径、方式和内容。这段经历让他坚信，只要自己想做的事情，只要尽心尽力去做，就能做好，甚至能做得更好。

作为父母，我们应该欣赏和支持孩子的这种热情和活力，帮助他们挖掘自己的潜力，用创造力把想象变为现实，从而实现自己的梦想，让孩子能够为了自己的热爱而生活！为孩子的成长创造一个充满爱和支持的环境，让他们在探索、表达、挑战和创造中尽情燃烧自己的热情！

允许孩子参与制定规则

为什么家庭中、学校里表现出“叛逆”的孩子越来越多？因为他们只是在执行他人制定的规则。这个规则中，很少有他们参与制定的部分。所以，随着社会多元化的发展，允许孩子为自己的人生制定规则愈发重要。规则是孩子成长路上不可逾越的基石，规则是由内而外形成的，一旦孩子领悟到规则对自身的意义，就会助力孩子形成健康的人格。因此，父母与孩子一起制定规则，尤其是与孩子关系密切的事情，要尊重孩子的意见，探讨出双方都认同的合理的行为规则。

对孩子越爱，越应该和孩子一起建构规则。规则之内才是真爱，规则之外只有伤害。

让孩子制定规则可以满足孩子争取自我权益的诉求

一位妈妈带着五年级的孩子来做咨询。妈妈说，孩子严重叛逆、抬杠、拒绝沟通、我越让他做什么他越不做什么、特别会怼人……

我问孩子：“是这样的吗？”孩子说：“对！就是这样的！”我问孩

子："是什么让你想这样做？"孩子说："因为在家里只能听妈妈的！凭什么家里有 4 口人，却只能听她一个人的？"

我的好奇心也来了，妈妈要求他遵守的规则是全家人协商后制定的还是妈妈个人制定的？这个规则孩子认同吗？如果孩子不认同，他就难以真正遵守规则，同时更会经常挑战规则。

孩子的反问说明孩子行为的背后，要的是他在家庭中的话语权、要的是家庭成员之间的公正平等、要的是被尊重和被允许……

所以，很多时候，不是孩子真的叛逆，而是他需要用行为来争取自己在家庭关系中的合理权益。

作为家长，我们是否允许孩子为自己争取合理权益？是否允许孩子为自己的人生制定规则呢？

当孩子尝试为自己的人生制定规则，当全家人都认同、肯定或遵守他制定的规则时，他就能够感受到一种让他内心超级愉悦的"掌控感"，这份掌控感会让他觉得：自己是对的，自己很厉害，可以说话算数，可以让全家人都听自己的，自己很有思想，也长大了，在家里有话语权、有决策权、有见地……

如果规则制定出来再配上仪式感，如张贴出来、正式宣读等，这个过程就会让孩子觉得，规则是我提议、梳理、制定的，我要起到榜样作用，我要身先士卒，让父母看到我是如何遵守承诺的，也就坚定了孩子自我执行的效率。

家中每个人都要承担违反规则的后果

规则的存在，是为了让孩子更好地承担自己的责任，因此必须让孩子参与到家庭规则制定过程中，因为人更容易遵守由自己制定的规则。

当孩子有意识地去承担自己的责任，学着对家庭、班级和社会有所奉献时，他们就会成长为有健康的自我概念的高效决策者。这正是孩子成长要达成的重要的、长期的效果。

制定规则时，还要制定奖惩制度。谁违反规则，谁就需要承担后果。无论违反者是父母还是孩子，承担后果的过程也是训练孩子承担责任的过程。

一个青少年来访者告诉我，他和父母通过开家庭会议决定，大家回到家之后，都不许碰手机。结果，爸爸经常在妈妈做饭的时候躺沙发上刷手机。但他自己玩手机时间长了，就会被没收手机。在家庭里，爸爸妈妈违反家庭规则使用手机，却很少被惩罚或被暂停使用权限，这让孩子感受到自己在家里没有被公正公平地对待。他甚至认为，家庭会议制定的规则就是为了“管”他的，因为这个规则只有在他这里才会严格执行。

当规则具有双重标准的时候，也是规则在家庭中开始失效的时候。因此，实施规则的过程需要家庭成员之间互相监督、示范，并且要严格执行奖惩，不然这个规则就很难有说服力，不仅无法督促孩子更好地规范自己的行为，承担起自己该承担的责任，甚至会让孩子和家长产生更大的对抗。

当孩子思考规则时，他就站在了更高的格局看待规则的意义和目的。他会更加积极地思考制定规则的原因、内容、规则执行的难易度及实际效果等问题。在这个过程中，孩子自然而然地就理解了规则存在的意义，同时愿意更好地遵守规则。

所以，我们邀请孩子一起参与制定规则的同时，自己也要和孩子一样成为规则的坚守者。

规则可以支持孩子获得更多的自由

高一男生小范经常迟到，班级规则是迟到的同学要擦教室地面和楼道卫生区。小范对这样的惩罚很抵触，他说，他的时间都被做值日浪费了。我问他："是不是只有你一个人迟到了要这样？"他说："不是，班级内所有人迟到了都会被这样惩罚。"我说："好，说明你并不是被特殊对待的。这个惩罚相对还是公正公平的。"我又问他："当你接受惩罚的时候，有没有过对这件事情的思考？你是因为哪个环节做了什么才遭遇了这样的惩罚？"他说："当然是我起晚了！"我继续问他："当你不喜欢这样的惩罚时，你觉得可以调整什么行为从而避免被惩罚？"他认真地说："遵守时间。"

后来，他告诉我，当他遵守时间不迟到之后，再没有受到惩罚。同时他还发现，早读竟然也能做很多事情，这是他之前从来没有感受过的。我告诉他："是的，当我们体验了触碰规则的惩罚，就会更加珍惜没被惩罚的时间，也就会有很多新的安排来充实你的时间和生活。这是一种更加灵活的自由。"

规则是自由的边界，不是限制自由的枷锁。在遵守规则的前提下，孩子才能感受到规则内的自由自在。同时，当孩子参与制定了规则，他首先会考虑规则对自己的适合度，同时也会考虑规则对其他家人的适合度。在这个过程中，孩子的被尊重权得到了满足，他们会努力做好，向父母证明他们制定规则是正确的选择。规则制定的过程也是孩子理性分析和感性探讨，同时与他人沟通达成一致意见的过程。

在规则面前，会激发出孩子更多的灵活性。如何既遵守规则又同时实现自我的需求，或者如何在规则内做选择，都是孩子经常思考的内容，这也是孩子自我辨识能力、判断能力、自我管理能力等提升的过程。

允许孩子的人生有无限可能性

尼采说，动物是定型的，人永远可以是不定型的，人可以拥有无限的可能性。

很多来到咨询室的青少年都会跟我吐槽父母的执念：妈妈让我必须上某高中，某大学学某专业……爸爸说了，必须考到哪所学校才可以，然后做他熟悉的哪个领域的工作，这样他才能更好地照顾我。

青少年成长路上的最大阻力，不是学业困难，不是同伴关系，而是父母给孩子的各种设限。

事实上，每个孩子内心都有自己想成为的样子。

有一个大一男孩，开学已经半学期了，还在和父母做斗争，心心念念要回高三复读，去学习自己喜欢的法律专业。而父母认为，这个专业学起来枯燥乏味，以自己对孩子的了解，他肯定坚持不下来，最后一定会半途而废，不如就学目前父母帮他选择的专业，因为父母已经在这个专业里工作了半辈子，很多人脉资源都可以为孩子毕业后的就业提供支持。

可是孩子对父母推荐的专业一点兴趣都没有，他很不开心。他每次回家都有 100 次退学的冲动想法，但每次刚一表达就被父母呵斥回去。

他说，他不知道自己还能撑多久。

在咨询室里，听着这位大男孩的倾诉，我深深感受到了孩子的无助感，以及他无法去做自己的不甘和遗憾。

当父母逼着孩子去走自己熟悉的路径时，是我们安全感不足、害怕未知的领域、害怕新鲜事物带给我们的挑战、害怕挑战来临时我们的不知所措，所以，为了坚守我们的安全感，很多时候我们宁愿牺牲孩子的未来。

雷军回到武汉大学演讲时说，大一时，他在图书馆里看了一本书叫《硅谷之火》，这本书帮他建立了一生的梦想——“珞珈山，就这样永久留在我的记忆里”。

雷军在武汉大学学的是计算机软件，也特别热爱编程。他曾经以为，自己会做一辈子程序员。实际上，雷军的人生是这样的：一毕业就参与了金山软件的创业，如愿做了一名程序员。28 岁的时候，雷军做了金山 CEO。虽然雷军自己说这纯粹是个意外，但他从程序员走上了管理岗位。31 岁的时候，雷军创办了卓越网，做了电商。40 岁的时候，雷军创办了小米，做了手机。51 岁的时候，雷军决定人生再一次创业，做汽车。

从软件到电商、到手机，再到汽车，空前的跨度，更是空前的难度。雷军说，每次回头看，都不知道自己哪来的勇气。

但是他一直相信，每个人的人生都有无限可能！

身为父母，我们允许孩子去探索追寻自己的无限可能吗？允许孩子成长为他为自己规划的、自己想成为的样子吗？允许孩子在追寻中会遇到各种挑战和失败吗？允许孩子或许需要一段时间的迷茫和困顿，甚至会情绪低沉、不知所措吗?

我的一位学生叫张自明，在中学读书时就是一个文学爱好者。她是校文学社社长，创作了很多篇让青春期孩子一读就能产生共鸣的散文、诗歌、小说……高考后，她为自己选择了影视编导专业，同时辅修了新闻专业。大学毕业后，为了照顾家里老人，她放弃了京外工作的好机会，回京从事图书编辑和行业杂志的采编工作，也会兼职写剧本，最后通过公招进入卫生系统做党建、宣传，做新媒体平台推广和品牌策划……工作一波三折，又结婚生女，她依然没有放弃自我成长，一边工作、一边照顾孩子、一边考研读博……在不断面对工作挑战的过程中，坚持在学习之路上追逐那个自己最想成为的人。

在某大学招聘中第二次面试的时候，院长问她："你都35岁了，转行能适应吗?做教育没有高薪，如果没有热爱的话，工作有时会是一种煎熬……"

她说："我读初中的时候就想当作家，多年来一直笔耕不辍，而今我真的加入了顺义作家协会，还参加了北京市总工会的职工文学研修班，和很多书本上的作家见了面。虽然只是区级，但是这个梦想实现了。大学时，我读的专业是影视编导，同时辅修了新闻专业，我还想成为一名记者。我原本的梦想是做战地记者。后来我成了一名有行业资质的编辑记者，也收到了融媒体的录用通知，尽管最终没去。我小时候一直仰望和敬畏教师这个职业，一路上能走到今天，我遇到了很多好老师并深受几位恩师的影响。读研的时候，我发现自己很擅长做学术，也热爱学术研究，特别想进入高校工作，成为一名老师，实现教师梦，然后专心做学术研究。正是因为35岁了，圆梦的时间更紧迫了，所以就更不想错失这个契机。作家梦、记者梦都实现了，就差教师梦了。同时，我做过很多准备，我考取了高中教师资格证和幼儿园教师资格证，也兼职做过线上线下的文科类和美育类的教师。”

最后，她的回应让院长坚定地录取了她。

而今，她在大学里做辅导员，负责教育学部学生工作办公室的整体宣传工作和支部宣传工作等，同时也给学生们上“中国传统文化的魅力与表达”的课程。

她经常用自己的过往经历告诉学生们：“我们都是普通人，生而平凡，可能终其一生都不会有太多光鲜亮丽、站在金字塔尖的高光时刻。但是我们可以有自己坚持的信念，有自己追寻的光芒，迎着光，我们就会成为自己的光。这样我们的人生才会少一些迷茫和黯淡，即便偶尔停在晦涩里，我们也有突破阴霾的勇气。”身为大学老师，她已沉浸在支持班级中每一个孩子更好地成长、发展的碎碎念里，在忙碌中享受着迎接新生的快乐，也享受着毕业生找到了自己心仪工作的欣慰，她希望用自己的真心去温暖学生们毕业后的岁岁年年。

雷军也好，张自明也好，他们都是从普通人走向各自的成功的。支持他们走向成功的最大动力是没有人束缚他们的思想和行为。他们坚定地为自己的梦想、愿望脚踏实地地一路追逐，直到梦想如愿实现。

看完这三个真实的故事，不知你有什么感受？有什么思考？同时有什么想法？接下来，你又会做些什么呢？

孩子认为“我很重要”比什么都重要

在我的青少年来访者里，有很多自伤的孩子、各种淘气“作妖”的孩子，他们都有共同的感受，就是觉得在家庭里“我不重要”。

在《如何说孩子才会听　怎么听孩子才肯说》这本书里，有这样一句话：“父母心不在焉地敷衍孩子，只会让孩子感到没有人在乎他。”

是的，被在乎很重要！“我很重要”是很多孩子渴望在父母这里找到的感受。

《成为》是美国前第一夫人米歇尔·奥巴马所撰写的自传。有一次，米歇尔因为不喜欢吃鸡蛋跟母亲产生了争论。在家里，父母会认真对待她和哥哥提出的每一个问题，也从不把她当小孩子看，只平等地解答与讨论。米歇尔提出，“为什么花生酱不能代替蛋白质？”经过进一步的讨论，母亲改变了自己对于鸡蛋的立场。在以后的9年里，米歇尔的早餐变成了一块抹花生酱和果酱的面包，一个鸡蛋也不吃。对于米歇尔而言，这是一场不小的胜利，最重要的，这是她为自己争取来的。米歇尔说，母亲对自己最重要的教育，就是一直不停地向她传递这样一个信息：“你很重要。”

让孩子感受到他是被爱的、被看见的

“爱”是一个人存活于世最大的底气与安全感，而这种底气与安全感的获得，通常来自父母。

一个高中的男孩子来到咨询室，因为他在学校里有各种旷课、打架、逃学的行为。我向他了解家庭情况，当谈到爸爸时，他从鼻子里发出一声不屑的“哼”！

听到这一声“哼”，我邀请他讲讲他对爸爸不满意的地方……

孩子说，到现在爸爸都不知道他上高几，在几班，更不知道他的兴趣爱好，不知道他每天的心情……

这位爸爸常年在外出差，经常一走就是一个多月，回来也是各种应酬，难得和孩子、其他家人一起吃顿饭，聊聊天。因此，孩子的感受是，在爸爸这里，他是不被爱的。孩子所有的“问题”行为都是为了引起爸爸的关注，让爸爸有更多的精力、心思关注到他。

后来经过家庭系统咨询，爸爸调整了自己的工作安排，减少了出差、应酬，把更多的时间用在陪伴儿子上。儿子的“问题”行为也逐渐减少，直到消失。因为，在爸爸调整工作的过程中，孩子感受到了来自爸爸的爱，感受到他是值得被爸爸爱的。

“我很重要”让孩子学会关注自己

一个初三年级的青少年来访，他突然觉得自己长大了，但自己还从来没有时间、没有机会玩过。于是，他在初三第一学期结束时，做了一个重要的决定，就是抓紧时间玩！

一个初三的孩子为什么会做出这样的决定？因为在他过往的成长经历中，他从来只能听妈妈的安排，为了得到妈妈的表扬和肯定，他做的所有的事情都是为了让妈妈开心，而唯独忽略了他自己的需要。

他沉睡了十几年的这一需求被唤醒时，他第一个关注自己的行为就是弥补过去十几年里没有时间做的“玩”。在咨询室，他曾这样问我：您能理解一个孩子为了让妈妈开心，从5岁开始上各种辅导班，从来没有时间玩的感受吗？

是的，当他感受到自己很重要，他会开始关注自己的需求，他开始放下妈妈的期待，只去做“自己需要”的事情，哪怕这会影响到他的学习、他的考试！如果父母不能在这个需求上理解他、满足他，他只能继续用自己的方式满足自己。

“我很重要”让孩子学会为自己负责

果果上初中时，妹妹刚好出生。即使这样，当果果有任何需求，我都是第一时间回应她，无论我是否能够满足她，这让她感受到即使有了妹妹，她在父母这里依然很重要。

初中的学习生活，远比我们想象的要复杂、要艰难。上初中后，女儿一方面要面对骤然增加的学科学习，一方面要面对同伴关系，以及和老师的关系。这是大多数初中孩子都要经历的重要内容。

进入初中，学科知识的增加，让很多孩子措手不及，要学习的东西太多，而时间只有这么多，分身乏术感日渐强烈。同时，周围都是来自全市四面八方的伙伴，差异性越加明显，如何与这些不同性格、不同成长背景的伙伴友好相处，成为新的困扰。

无论什么样的学校环境，我都会在意她当下的感受。因此，整个初中期间，“陪聊”是我在女儿这里做得最多的功课。通过聊天，可以了解她的学习状态、关系困扰等，然后适时“点睛”，和她一起探索解决方案。这一过程，重要的不是问题，而是让孩子感受到她在你这里很重要。

当孩子能够感受到父母对他们的关注，他们就会加倍努力、加倍投入。

让孩子感受到来自父母的“我很重要”，不是依靠每天说多少遍，而是要渗透到日常生活的点点滴滴中，让孩子感受到：我的感受很重要，父母会认真对待我的每一份喜怒哀乐；我的选择很重要，父母会尊重我的每一次选择，我可以为自己做主；我的话语很重要，父母会珍视我的每一句话，并以尊重的态度予以回应。

知道自己“很重要”的孩子可以感受到他是被爱的

因为被爱，他敢于大声说出自己的需求，不需要唯唯诺诺讨好任何人。

因为被爱，他敢于大胆地去探索这个世界，因为他知道，他的身后有广博的爱与支持。

因为被爱，他拥有了许多选择的权利，小到穿什么衣服、几点上床睡觉，大到上哪所小学、参加什么兴趣班。而选择的力量来自父母对于孩子的重视和充分的信任感。这种信任感会让孩子有勇气、有能力去承担每一份选择与尝试的结果。

“我很重要”滋养了孩子的自我价值感

在孩子的成长经历中，尤其是进入青春期的孩子，最困扰他们的就是“我是谁”“我想成为什么样的人”“我怎么做才能成为这样的人”。

如果孩子进入青春期之前，这些问题还没想清楚，那么接下来他就无心在学业上用功。因为他不知道他的目标在哪里、是什么，他的初中、高中生活就会过得很懈怠、无力、乏味，同时又充满痛苦。

相反，如果一个孩子从小被“我很重要”滋养着，他的自我价值感相对就会很高，自我价值感越高的人越清晰地知道“我是谁”“我想成为什么样的人”“我怎么做才能成为这样的人”。

不断强调孩子的重要性，可以帮助他们建立健康的自我认知和自我价值感，从而更好地适应社会和面对生活中的挑战。

让孩子敢于面对后果，就是成长

每个人都被生命询问，而只有他用自己的生命才能回答此问题，只有以“负责”来答复生命。因此，“能够负责”是人类生存最重要的本质。所有的懦弱、逃避、放弃都是害怕面对后果。

敢于面对后果，首先是对自己的允许

初中二年级的男生小哲（化名），每到考试时都会肚子疼，疼得止不住地呕吐，头冒汗珠。一年多的时间，面对考试，小哲都是这样的状态……在咨询室里，通过和他的对话，我感受到了他对考试恐惧的背后，是对不能考出好成绩的害怕，是他自己无法面对“考不好”的局面。

在第一次咨询中，我问他：“如果你肚子不疼了，再参加考试，结果会怎样呢？会实现你期待的‘好’吗？”

他看着我，摇摇头说：“不可能，我肚子不疼了，参加考试也一定考不好！”

我问：“为什么？”他说：“上了初二，我不会的知识越来越多。”

我继续问他："事实上，你希望你会的很多，你认为，只有会得多才能考得好，是这样吗？"

他瞬间泪流满面，一边点头一边说："可是我不会。"等他哭完，我认真地看着他，并告诉他："所有的学生之所以选择上学，就是因为有很多知识是不会的，所以才到学校里去学习，才需要老师来教。如果学生自己都学会了，老师就该面临失业了。"

听我说完，眼泪还没干的小哲笑了起来。

我说："面对知识，我们不会，即使老师又讲了一遍，还有可能不会，这都是学生的正常反馈。所以，你能接纳你的正常反馈吗？你能允许自己不会吗？你能允许自己听了也不会吗？"

他说："不能。"

我说："是的。当我们说出'不能'的时候，是我们对自己有期待，我们希望自己能够学会、学好！"

他说："是的。"

我继续问："老师讲了一遍知识，你还是不会，可以怎么办？"

他说："再学！可以复习、请教老师、问同学、刷题……"

我说："是的，当你想会的时候，一定会有很多方法让自己会。所以，解决'会'最有效的方法就是哪里'不会'攻克哪里！重要的是，你自己敢于面对自己的不会。敢于面对'不会'，才知道如何做能够'会'。"

咨询回去后的第一周，就是一次小考试。小哲妈妈告诉我，小哲出门上学前，只是觉得自己肚子有些不舒服，但还是去学校参加了考试。

接下来的一次咨询时，我问他："考试的时候你肚子疼了吗？"他说："没有，但是进考场的时候，肚子一抽一抽的有些紧张。"

后来，因为害怕考试经常不去学校的小哲再也没有因为肚子疼而不去上学，也没有因为要参加考试就肚子疼。

一个孩子，当他敢于面对后果，他的内在就开始成长了，这种成长就是对自己负责。希阿荣博堪布在《次第花开》中说，其实人生，除了生死，其余的都只是擦伤而已！勇于承担责任的人，不会被困难吓倒，也不会因失败而萎靡不振。

逃避磨难，阻碍的是自己的人生。

面对后果，是敢于承担责任

初中生来访者小坤，因为和学校老师、校长发生激烈冲突而被迫停学。和父母一起来到咨询室时，小坤不愿意面对自己做的事情，一直在强调学校和老师如何糟糕、如何差劲。

我邀请他讲述了他对爸爸的感受和看法……他用将近两小时的时间，向我讲述了从5岁开始，他记忆中爸爸的很多过分的语言和行为：因为邻居的一个行为，爸爸对邻居破口大骂；因为路人的一个眼神，爸爸对路人大打出手；因为家人没有听爸爸的建议，爸爸把家人打进医院……这一连串的故事讲完，我带着小坤回看自己的经历。

我问他："你觉得你做的事情和你不喜欢的爸爸做的事情，有没有相似的地方？"小坤顿时愣在那里，他缓了好一会儿才说："好像都很冲动，攻击性很强！"突然，他问我："为什么我自己越是不喜欢的行为，反而越是会去做出类似的事情呢？"我说："是的！因为，到现在为止，你都不敢反抗爸爸。爸爸在家里是权威的代表，当你看到爸爸做得不对，又不敢反抗，你就要去找一个权威的'替代'角色，然后通过反抗替代权威表达对爸爸的不满。或者说，校长、老师不过是你潜意识想表达对爸爸不满的‘背锅侠’。”

在我说到这里时，这个高高大大的男孩子低下了头。

我问他：“你当下的想法和决策是什么？”

他说：“我想回学校。”

我问：“你觉得需要做些什么才能够回到学校去？”

他说：“我需要找到校长、老师去道歉。我错了。”

一个孩子真正走向成熟，从他敢于承担责任开始。越是逃避，越会活在过去，只有勇敢面对，才能把磨难转化为成长的助力。

为自己负责的孩子才能学会做选择

从果果上小学一年级开始，我就把几乎所有的选择权交还给她。

小学一年级时，果果看到其他小朋友学乐器，就想学吹长笛。我们找老师学习了一段时间后，她明确表示：不想学了，因为学长笛太枯燥了。

我反复问她："你决定了吗？真的不学了？"她说不学了。我说："好的，这是你自己的选择，我支持你！"

上高中时，她的发小坚持学古筝 12 年，上高三了依然每周去古筝老师那里上课。她曾说："我很羡慕他能一直坚持下来，而我就没有做到。"当她有感而发时，她的内在成长就发生了。她重新理解了选择和坚持带给人不一样的成长。

上小学时，老师要求孩子每天完成作业后，家长要帮孩子检查并签字。

我和她说，写作业、检查作业都是她自己的事情，我只管签字，其他的都不管。她听了特别高兴，或许她以为我不管她、不检查作业，她可以在写作业的过程中偷工减料，省一道工序。

结果，第二天，老师就在她没检查的作业本上打了三个大大的叉，做错了题而自己没有检查，所以被老师查出来了。结果可想而知，她被老师批评了。接下来，她就开始自己检查作业了。

之所以重新选择了检查作业的行为，是因为她知道，妈妈真的不会替她检查作业，而如果想不被老师批评，她必须承担起检查作业的责任。所以，她才会做出新的行为选择。这时的行为选择是自发的。

小升初时，果果很焦虑。她不知道自己将会去哪里。

我问她，你想去哪里？她说，好一些的学校。

我给她说了小升初面临的状况。第一，等着电脑派位。目前，和她的小学对应的派位中学有一半是好一些的学校，有一半是相对来说糟糕一些的学校，去哪里要看运气。第二，有四所提前招生的学校可以去探校，也可以走提前招生。如果提前招生失败了，还可以参加电脑派位。

她逐一在电脑上查看了提前招生的学校情况，并选择了一所学校，然后带着我和爸爸去探校。参观了校园，听了学姐们详细的介绍，也听了校方老师的介绍，她被打动了，觉得这所学校很适合她（事实证明，她的选择是正确的）。于是就报名参加了面试。后来如愿进入这所提前招生的学校。进校后才发现这竟是一所黑马校。

对于这次选择，她一直沾沾自喜，觉得自己的决策很英明。

进入初中后，果果的成绩几乎是过山车般翻转，这也是锻炼她学会基于负责做选择的最好机会。

她曾经考过年级第一，也曾经考过一百名之外。

每次她考得很糟糕时，都会给我打电话痛哭流涕。安抚完她的情绪，我都会对她说：“闺女，看到你这么伤心，妈妈很心疼你！同时，妈妈也知道，这不是你想要的结果。咱们一起回看一下，考试前的日子你做了什么，如果你想下次考得再好一些，我们需要展望一下考试后的日子你可以做些什么。”

她会一边哭一边讲述考前她干了什么……今后她要怎么做……

我也不会逼着她写保证书、写计划，我告诉她，她想怎么做是她的事情，她想到了就去做好了。做到了或许就能实现自己的期待，做不到或许依然重复现在的状态。

我发现，她每一次低谷成绩，都是她为自己负责后做出新的选择、新的有效行动的助推力。最后 580 分的中考满分试卷，她答出了 568 分的好成绩。

这些都是她在学习为自己负责后做出的行为选择。

拿到中考成绩，选择高中时，我依然把选择权交给她自己。她左右权衡了北京四中和本校的优劣，最后断然选择了本校。她说，她舍不得本校的人情味。

进入高中后，分班也需要做选择。

当时，她为了逃避不喜欢的物理，选择了科学实验班。后来发现，两个班的班风和学风有很大差别。她几次告诉我，她后悔了。

我告诉她，你可以为自己的选择后悔，但这个世界上唯一买不到的药就是“后悔药”。后悔并不能解决问题，最有效的解决方案是，在现有基础上，看看能够做些什么，从而找到更多资源提升自己，减少后悔。

她开始寻找适合自己的学习路径，如到隔壁班去蹭课、蹭自习、蹭老师答疑等。最后申请调宿舍时，她选的宿舍同学都是隔壁班的。她学会了为自己的选择做资源补充，而这些行为选择都是基于为自己负责。

孩子撞南墙未必是坏事

有一位朋友讲过这样一个故事：

一只老鼠钻到牛角尖里去了，它想出来，但它不向后退，反而还拼命往里钻。

牛角对它说："朋友，请退回去，你越往里钻，路越狭窄。"

老鼠生气地说："哼！我是百折不回的英雄，只有前进，绝不后退！"

牛角说："可是你的路走错了啊！"

"谢谢你！"老鼠还是坚持己见，"我一生从来就是钻洞过日子的，怎么会错呢？"

不久，这位"英雄"便活活闷死在牛角尖里了。

这个故事让我想到在家庭教育中的一种普遍现象：很多父母会千方百计为孩子做好规划、铺路搭桥，就怕哪一步考虑不周，影响孩子的成长与发展，其中，尤其害怕孩子"撞南墙"、碰壁、受伤害等。

“南墙”撞得越痛，越容易觉醒

“撞南墙”是一句俗语。在中国的传统建筑中，南墙是指影壁墙，也叫“照壁”。在古代，大户人家都会在坐北朝南的院子进门的位置建一堵墙，这堵墙就是照壁。从正房门向外走的时候，一定要向左或向右走绕开这堵墙，不然就会直接撞上。“不撞南墙不回头”比喻的就是不知道绕道、认死理的人。

在孩子的成长过程中，能坚持自己见解的都是很有想法、很有主见的孩子。他们需要在执着坚持的过程中去感受自己的选择并通过结果学会复盘：正视自己的选择、分析选择或行为的利弊、如何调整习惯意识、如何调整升级做选择的能力等，同时这也是孩子学习灵活提升智慧的过程。

在咨询室里，初中三年级的女孩小雪来访，父母说她原本是一个“粗线条”女孩，每天大大咧咧的，对什么都不当回事儿，尤其是对时间的管理。而现在，她的状态发生了180度转变，她已经持续一个多月情绪低落，甚至严重到足不出户。原因是中考考某门学科时，她竟然迟到了半小时，导致她不能参加考试。缺考带来的零分后果将给她的发展规划带来严重的影响，为此她陷入深度自责。

在咨询访谈中我知道，小雪从小对时间就不太当回事儿，无论父母如何提醒她要准时，她都会经常迟到。和同学聚会、和父母去朋友家、自己上学、去机构上课……“不准时”成为她的常态。父母更是因为她的“不准时”行为，各种讲道理、做示范、训斥、责骂……父母说，他们能用的方法都用过了，却依然无效。

缺考事件的发生，给小雪带来很大的冲击与影响。她觉得自己确实像父母说的那样“很糟糕”“什么事情都不走心”，将来必定“一事无成”……

“缺考”事件，就是小雪平时认为迟到没关系，结果撞到了最惨烈、最心痛的一面“南墙”。

在深度倾听并共情了小雪的感受之后，我问她：“如果这件事能给你带来一些成长，会是什么？”

她说：“再也不迟到。”

我说：“我听到你的回复非常坚定，是如何让自己这样坚定地决定的呢？”

她说：“我不希望成为父母说的那样的人！”

我说：“是的！我知道其实你根本不想放弃自己，你希望自己和父母说的不一样。”小雪听完泪流满面。

我继续问：“你有什么新的想法或决定？”

小雪说：“如果上不了高中就重读！”

后来，小雪踩着录取分数线进了一所普通高中。她对能上高中特别珍惜。后来，小雪的父母反馈，她再也不儿戏时间，完全是另外一副严谨认真的样子面对学习和生活。

撞南墙可以“撞”开孩子更多的智慧

在孩子的成长过程中，多撞几次南墙或许也是好事。撞南墙，也是孩子和父母共同成长的过程。借由“撞墙”或许可以撞出孩子更多的智慧，如撞出反思、撞出调整与尝试、撞出更多的解决方案或解决问题的途径。因此，撞南墙是孩子成长道路上的考验，是孩子成长过程中的新契机。

小学六年级的男孩喆喆，因为和同学开“威胁”玩笑被同学家长向学校举报他思想品德有问题，并要求学校处理此事。喆喆的父母为此非常紧张，而喆喆却毫无感受，依然我行我素。渐渐地，越来越多的同学不喜欢他，也不和他玩了。喆喆慢慢发觉自己被同学们排斥了。

在给喆喆做个体咨询时，我发现这个孩子与同伴交往时没有界限感。于是，我反复和他做了界限感重建练习。

后来，我在喆喆的班级组织了一场“请听我说……”的主题班会，要求孩子们把自己对身边同学的状态和期待真诚地表达出来，轮到他时，面对同学们真诚的表达，喆喆同学痛哭流涕。他说，他不知道自己在同学心里是这样让人厌烦的……同时，他也看到了同学们对自己的期待，希望自己更好地和班级融合。

班会课后，我把喆喆邀约到我的咨询室，请他分享今天的感受和收获。我问他有什么新的想法，他很认真地告诉我他对自己的新要求，除了上课认真听讲之外，他说得更多的是与同学相处时要怎么做。

两个月后，再到这个班级组织心理班会，我发现喆喆发生了巨大的变化。其他学科老师也向我反馈，喆喆好像换了一个人。当孩子开始尊重自己，也就学会了尊重同学；当孩子重建了自己的界限感，也就学会了与同学恰当地相处。

因为自己的过度行为让喆喆撞在了“被拒绝”的同伴关系的“南墙”上，经由这次被投诉、被拒绝对待，喆喆看见了一个大家眼中的自己。同时，经过深刻的反思，他调整了自己的认知和行为模式，在发生了巨大的变化后，重新与班级融为一体。

这一过程，就是撞开孩子更多的智慧的过程。

“南墙”背后，藏着很多我们无法让孩子感受到的道理，只有他自己真正撞到“南墙”，才能在“疼”的同时看到隐藏在“南墙”背后的启发和智慧。

偶尔在孩子面前示弱

在家庭中，父母扮演着重要的角色。同时，父母作为成年人，会被太多无法言说的“实情”所困扰，他们的情感状态和内心需求直接影响着家庭氛围和成员间的关系。所以，许多父母常常在自己的心理困境和情感困扰中挣扎，试图隐藏自己的真实情感和需求，戴着伪装面具面对外界和家人。因为害怕被他人指责或认为自己不能胜任某事，他们抑制自己的情绪，导致内心的真实情感无法得到释放和表达。当父母陷入这种困扰，很多孩子会主动选择承接父母肩负的情感重担，直到父母放下，甚至有很多孩子会替父母全部背负过来。

父母卸下伪装面具，面对真实的自己

一位高三的男孩来做咨询，妈妈描述的是孩子在学校里和老师对抗，发生了几次师生冲突之后，孩子就不再去学校，一直待在家里。但是，这位高高帅帅的小伙子说，我没有问题，来咨询的应该是我爸爸。

通过家庭访谈，我感受到这个三口之家十几年来一直弥漫着一种强烈的情绪——委屈。而这种委屈的情绪背后，更多是让孩子感受到妈妈在家里一直被其他家庭成员不公平地对待。所以孩子在学校里面对任何事情都高度要求“公正公平”。孩子对外索要“公正公平”更多是在帮妈妈索要。因为他的记忆里都是妈妈被爷爷奶奶挑剔指责的话语，以及妈妈自己在家里偷偷伤心流泪的样子……妈妈为这个家辛苦付出，十几年如一日，却得不到家人的认可和尊重，这让他从小就特别心疼妈妈、照顾妈妈，甚至学会了陪伴妈妈，同时只要听到爷爷奶奶指责妈妈，他就会跳起来回击，保护妈妈成了他在家庭中最重要的任务。

妈妈在孩子面前，一直努力遮掩这些委屈和伤心。妈妈在咨询室里对孩子说：“我哪里有这么多的委屈？”爸爸也说：“爷爷奶奶怎么可能欺负你妈妈？”爸爸的这句话一下子刺痛并激怒了孩子，他在咨询室里暴跳如雷，直接和爸爸对抗起来……在后面的咨询中，妈妈从另一个视角接纳了公婆对自己的态度后，我引导妈妈对孩子说：“儿子，妈妈之所以不愿意承认我的委屈就是怕影响你，我不希望你看到妈妈不开心的一面。也不想让你对爷爷奶奶有厌恶、排斥的情绪。所以，我一直都自己偷偷哭泣……”儿子听到妈妈这样的回应，瞬间泪流满面。他说：“你不说我也能感受到！我都知道！我要保护你！我要和他们对抗到底。”

我引导妈妈继续对孩子说：“儿子，爷爷奶奶是我们的长辈，是你爸爸的父母。是他们把生命给予了爸爸，我们就要敬重他们、孝敬他们，同时，我感受到爷爷奶奶事实上是刀子嘴豆腐心，他们对咱们家里的每个人都很爱，只不过他们希望我们更好，所以他们想通过不停地提要求的方式，让我们一家好一点、再好一点……”然后妈妈列举了几个实例，让孩子感受到妈妈说的是真实的。

当妈妈敢于把自己的这部分委屈情绪示众，面对自己真实的情绪状态，孩子马上就被妈妈的状态影响了。同时，爸爸也在孩子面前表明了自己的态度，爸爸应该维护妈妈、保护妈妈，而不是站在老人一方，与老人一起指责妈妈，让妈妈倍感委屈。所以，这场家庭咨询在帮妈妈处理完来自老人和伴侣的情绪后，孩子和爷爷奶奶冰释前嫌，同时孩子也接纳了爸爸妈妈的状态，在高考前两个月，孩子顺利回到学校复课，并参加了高考。

为了打造真诚、平等、和谐的家庭沟通氛围，父母可以尝试以下方法：一是保持开放的心态，允许并学习表达自己的想法和感受；二是尊重孩子的独立性，让孩子在家庭中有话语权；三是通过家庭会议等方式，定期与孩子坦诚沟通，了解他们的生活和学习情况；四是父母要拆除自己的伪装面具，真实地面对孩子。当父母和孩子彼此能够真诚地表达自己的想法和感受时，他们之间的信任和理解就会加深，从而减少误解和冲突。

让孩子通过父母的真实状态体验人生中的千滋百味

《当幸福来敲门》中穷困潦倒的单亲爸爸，面临失业、被房东驱赶、遭遇朋友的欺骗……这位父亲没有向孩子隐瞒自己的困难。

他将仅有的财产背在背上，一手提着尿布，一手牵着孩子，寄宿于收容所，在地铁的洗手间过夜。他没有灰心或放弃，而是一边卖扫描仪，一边做实习生，最终迎来了幸福的敲门声。

有这样一位身处困境不抱怨，而是努力克服困难的爸爸，孩子也会因此学会用良好的心态来正视一切。

我家二宝非常喜欢买玩具，当家里的玩具足够多时，我和二宝说：“对不起，宝贝，妈妈挣的钱确实可以支持你继续买玩具，但我也想告诉你，我们的家庭生活还有很多地方需要钱。所以，我们不能把钱更多地花在买玩具上了。”我邀请二宝一起做储蓄，我给她开了一张银行卡，每次想买玩具的钱，我们就存在银行卡里。她看着自己银行卡上的数字越来越大很开心。后来家里换窗帘，她用自己的钱换了自己喜欢的窗帘，她说，突然感受到花钱的另一种满足和乐趣。

后来我还给她现金让她去超市给家人买菜，让她真实地去感受钱的流进流出。再后来，我带着她和姐姐援助了4个来自贫困地区孩子的学费和生活费。让孩子早些接触金钱，孩子可以学习预算和理财，从小开始学会正视金钱。

我们能做的还有很多：讲述自己小时候的趣事、挫折和成长过程；向孩子透露家庭在经济、生活等方面的困境，让孩子明白家庭成员需要共同努力才能渡过难关；向孩子讲述自己在工作中遇到的困难和挑战，让孩子了解成人世界的不易；让孩子参与家务，了解家庭琐事的烦琐与不易；让孩子参与一些家庭决策过程，如购买物品、规划假期等，了解决策的复杂性和不确定性，从而更好地理解生活中的风险和挑战……父母可以通过分享自己的真实经历和困境，让孩子在体验中学会面对人生的千滋百味。这样，孩子既能在成长过程中逐渐成长为一个独立、有担当的人，又可以学会如何面对生活中的困难和挫折，培养他们独立思考和解决问题的能力。

让孩子在感受真实的生活中成长

事实上，成年人的世界里有太多不易和委屈，即使深陷困境，也要坚持努力、精打细算、追求自我、坚持学习等，这些都可以真实地和孩子去谈一谈。

我在报社工作时，曾经有过被同事排挤的经历，下班回到家我也开心不起来。果果当时还在上小学，她问我：“妈妈，你看起来不开心？”听到女儿的询问，我瞬间泪水涟涟，说：“是的！今天一位编辑阿姨拒绝了我的稿子，还说了一些让我很难过的话。”女儿看着我，继续问：“你很生气吗？”我说：“不是生气，是我的自卑被激发出来了。我质问自己，我怎么这么差劲？我的稿子怎么写不好？”女儿说：“妈妈，你不是说人一辈子都要学习吗？这位阿姨在催促你，你还得学习啊！”女儿的话瞬间点醒了我：是啊，这位同事或许在用一种令人难以承受或者难以面对的方式让我继续学习与成长。

事情过后，我问女儿，看到妈妈流眼泪会不会觉得妈妈挺差劲的？她说：“没有！我觉得你很真实，我知道了原来大人也有很多事情做不好。”女儿的回答，让我感受到面对人生中的是非，孩子是有他们自己的智慧的，也是可以支持我们的；同时，借由我的故事，孩子也拿到了更多成长路上的礼物。在她整个求学路上，她对自己的学习一直保持着认真、努力、不懈怠的状态。

偶尔在孩子面前示弱，让孩子看到更真实的父母，会让孩子明白：哭泣后还要重新积聚力量，再次面对未知的明天。美国作家艾伦·斯特姆·尼茨在育儿网站上发表过一篇真诚而睿智的文章，文中说：要建立真实的亲子关系，不妨让孩子看见父母身上一些真实的人性，这不仅不会影响孩子成长，反而能促进亲子关系的发展。

“真实”是成年人需要用勇气面对的一种生命状态：敢于承认自己在面对枯燥无趣的工作、不确定的任务、不擅长做的事情时，会抱怨、会担心、会拖延、会脆弱，甚至想放弃。同时，作为父母，我们又很勇敢，在坦然接受脆弱和迷茫后，还能让自己重新坚强起来，激发出面对现实的勇气，并寻找解决方法。这一过程其实是以身作则给孩子树立了榜样：你的父母并不完美，但真实有力量。成年人也像孩子一样，需要鼓励、引导、支持、理解，仍然需要学习更多的本领积极面对困难和挑战。

第三章

父母要看见孩子的困境

“叛逆”是孩子不想放弃自我

人生有一种成功，就是按照自己的期待活了一生，活成自己喜欢的样子，全力做自己喜欢的工作，持续为发自内心的爱好而努力，并自得其乐。

青春期孩子的所谓“叛逆”，何尝不是想要追寻这样的成功?

在孩子的成长过程中，要经历三个叛逆期。这三个叛逆期，每一个都比前一个来得更猛烈。

2 岁左右是孩子的第一个叛逆期，他们用“不”坚定地告诉你：我想要的是什么，我的想法是什么。这是孩子独立的自我意识开始形成的重要阶段。

7 ~ 9 岁是孩子的第二个叛逆期。这个叛逆期主要来自上学后，孩子们会发现父母对待自己的方式和 6 岁前发生了天翻地覆的变化。父母之前的温柔、包容、爱都变成了要求、命令、讲道理、催促、各种约束与控制……而这些都不是孩子想要的。他们内心世界丰富多彩，各种好奇、各种古怪的想法层出不穷，他们希望有人能倾听他们、理解他们，那些千奇百怪的问题，他们很希望从父母这里得到答案或支持，而父母表现出来的敷衍、厌烦、打击、拒绝，让孩子产生了对抗心理。

12 ~ 15 岁是孩子的第三个叛逆期。这个也是来得最猛烈的叛逆期，很多家长称之为青春期叛逆。这个阶段往往是孩子叛逆的巅峰期。这个阶段的孩子开始探索自己，关注身边的人、事、物，关注社会、国家、世界……他们的视野、见识、思维都得到飞速发展。他们开始尝试用自己的方式去回应与父母、学校、社会的关系。在这种探索中，有很多“挑战社会规则底线”的行为，这是父母无法面对和接受的，同时也是父母不知道如何引导的。面对青春期叛逆，家长们会感到特别无助、无力。

当叛逆以“势不可当”之势爆发出来，我们能感受到这是一股来自孩子内心世界的能量。在这股能量的最底层，只有一个声音——我要做我自己!

当这个声音被压制、被拒绝、被控制……这股强大的能量就将走向对抗、攻击、毁灭!

一位 34 岁的男士来访，求助我帮他处理他和爸爸的情绪问题。他上高中时，爸爸要求他必须学习政法相关的专业，以便大学毕业后考公务员。爸爸找到学校老师给他安排各种补课……而他不喜欢被爸爸安排，就想方设法逃学、旷课，导致高考失利，于是他自己跑到北京到处打工。后来他发现自己没有大学学历找工作很受限，就一边打工一边学习计算机编程，然后取得了本科学历，目前在一家互联网公司做程序员。

他发现，即使到现在，一想到爸爸他依然会有很多情绪。每年过节，他都不想回家，但是想到妈妈的想念，又不得不回去。

被压制的青春能量，一定会以加倍的力量对抗来自父母的控制！凡是有能量对抗父母的孩子，都是内心笃定要做自己的孩子。或许他还不明确要做什么样的自己，但是，他知道父母期待的不是他想要的自己。

当这个声音被允许，这股强大的能量就将走向创造，孩子会选择去创造那个最想成为的自己。

一个女孩连续复读两年，高考成绩越来越糟糕，但依然坚持要复读。当孩子来咨询时，我问她："你坚持要复读一定有一个对你来说非常重要的理由。"她说："是的！我要做一名化妆师，是在中央电视台工作的那种高级化妆师！"女孩说这句话时，眼睛里洋溢着向往。"但是妈妈坚定地认为化妆师不是正规职业，她不允许我报考相关大学、学习相关专业。"

后来妈妈持续做了咨询，转变了自己对化妆师职业的偏见。这个女孩在第三年复读后，顺利考入了一所未来可以从事化妆师工作的大学。

如今这个女孩即将大学毕业，正在中央电视台实习。她妈妈说："自从我同意了她去学化妆师，孩子的整个生命状态都变了，走路两脚生风，昂首挺胸，不讨厌学习了，也不抱怨上学累、烦了……"

这就是一个孩子被允许、被支持之后由生命中生发出来的创造的能量。这股能量背后就是我要做我自己，我要为我自己负责，我可以成为这样的人，我所有的努力都是为了成为我想成为的那种人。

孩子的苦恼不是矫情

“我是谁？”是古希腊思想家、哲学家柏拉图提出的哲学性的穷极问题中的第一问，也被很多人称为“灵魂三问”中的一问。这是对自我的探索。

很多孩子一进入青春期，就开始逐渐思考这个问题。同时，很多孩子也被“困”在这个问题里。

“这也叫事吗？多大点儿事啊？”“这不是胡思乱想吗？”“这不是矫情吗？”“这不是放着好日子不过的‘自作’吗？”……如果我们带着这样的想法去看孩子的困惑，很可能孩子的内心世界会离我们越来越远，甚至会屏蔽我们。

对青春期的孩子来说，这个问题是天大的事。是的，是非常重要的事情。一旦青春期的孩子被困其中，将苦不堪言。

被“我是谁”困住的孩子容易陷入迷茫中

他们很容易陷入各种各样的心理冲突和矛盾中。例如，他们会经常感觉活着很茫然，甚至感受不到自己的存在价值。不同的孩子在这种困惑里状态各异，但抑郁、迷茫直接影响他们的生活、学习，甚至他们的人生。

孩子一旦被孤独感侵袭，就丧失了所有的动力，会瞬间陷入一种浑浑噩噩的状态，对什么事情都提不起兴趣。嗜睡、心不在焉、混日子，以及频繁逃课、沉迷于网络游戏等将成为常态。

陷在迷失自我又渴望优秀的冲突里。很多自我迷失的孩子会深陷过度追星、迷恋某团体、排斥主流文化等。同时，他们内在又极其冲突，既想让自己好起来、优秀起来，又没有能量、没有能力做到。这也是极度自卑与渴望自信的冲突。“我很丑，我很笨，我一无是处，没有人喜欢我……”容易关注自己的不足和缺点，并把自己的不足和缺点扩大化，看不到自己的优势和特长。

他们对于学习和将来的生活没有信心，没有自我存在感、价值感和获得感，常常觉得自己哪儿都不好。所以，容易消沉、寡言少语，甚至自暴自弃；或者反过来，容易藐视学校和社会，努力追求所谓的“个性”“刺激”，过分寻求家长、老师和同学的关注。对他们来说，考不上名牌大学就代表着失败，也代表着人生毫无希望。这种强烈的对比和冲突导致很多孩子用逃避现实来解决问题，最后就是“宅”在家里，只有在网络游戏世界才能找到些微存在感。

孩子的心里有多苦，这个世界就有多丑陋、多糟糕。孩子满眼看到的都是别人的问题和不足，都是社会的阴暗面。因为关注了社会、生活和身边人“不美好”的一面，所以，他们容易批判社会、看不起老师、看不起家长、看不起同学，也容易形成与社会要求相背离的个性，甚至认同社会不予承认的、反社会的或社会不能接纳的危险角色，“愤青”或言行举止过于标新立异是其突出表现。

事实上，从孩子开始有想法时，他们就已经在经意或不经意之间探索这个问题了。因此，青春期的孩子若想动力十足、激昂奔跑，必先明确“我是谁”，如此才不会深陷苦海。

每一个“为什么”都是引导孩子开启思考大门的钥匙

每个孩子在成长的过程中都会借由无数个“为什么”探寻自己不知道的人、事、物，这些不知道的好奇里有很多是针对自己的。例如，我是从哪里来的？为什么我一出生就是我？没出生之前我在哪里？为什么你们就是我的爸爸妈妈？是谁派你来做我爸爸妈妈的？……这些天真无邪的问题是引导孩子认识自我、寻找自我、探索自我的最好切入点。

所以，当孩子问“为什么”时，父母不要搪塞应付，也不要急于给出答案，而是应该和他一起耐心寻找答案。父母要帮助孩子成长，让他们在疑问中不迷失自我，而且能够勇敢面对。最终孩子会找到属于自己的答案，而在他们今后的路途中，即使迷失自我也能找回自我。

挪威儿童文学作家康斯坦斯·厄尔巴克·尼尔森创作过一本绘本《我是谁》。有一个小男孩叫威廉，他喜欢一个人躲起来。这样，他就可以不受任何人打扰，静静地思考自己喜欢的问题。“我是谁？”他抬头看着天空飘过的云朵，细细地思考这个问题。他也带着这个问题去问了身边的很多人，可是每个人给的答案都不一样。所有的答案，威廉都不太满意。最后奶奶给了威廉一个很好的答案，“如果你坚持下去，总有一天会找到答案”。

每个孩子都很爱思考，那么，你是一个陪孩子思考问题的家长吗？你会保护孩子的好奇心吗？孩子的问题也许现在没有答案，但只要不断思考，孩子总会收获一些惊喜。

孩子自我认同感的培养，考验的是父母的教育能力

青春期是自我意识第二次飞跃的阶段，表现在孩子身上就是“寻找自我认同感”。自我认同是每个人对自我要求与社会期望的整合，能帮助青春期的孩子更清楚地认识自己的生活现状、个性特征、心理倾向及理想规划等。

青春期的孩子只有梳理清楚“我是谁”，才能轻装上阵、目标坚定地成为自己的样子而向前冲！

首先，允许孩子在迷茫中自我探索。在美国著名发展心理学家爱利克·埃里克森提出的人生发展八阶段理论里，12 ~ 18 岁是第五个阶段，即自我同一性和角色混乱的冲突时期。他们会把别人对他们的评价与他们自己的感觉相比较，会关心怎样把各种角色体验、早期获得的技能、自身优势和特长等和当今职业标准及个人的未来相联系。因此，高中阶段可以看作寻找自我认同感的时期。

确立自我认同感，即同一性的形成，标志着成年期真正开始。这是一种知道个人未来目标的感觉，更是一种获得内在自信的感觉。只有找到自我认同感，才可以为自己确定生活的基本原则和策略，才能顺利解决成年后三个阶段(结婚、立业、晚年)的发展任务，最终达到“自我实现”。

其次，孩子是借由他人的评价反复验证自我的。他人如何评价我，是对自我认知的一种有效验证，尤其是父母的评价。所以，在孩子的成长过程中，父母要不断给孩子积极正向的反馈，多鼓励、赞同、欣赏孩子，促使孩子不断将自我评价与他人评价进行整合。同时，在听取别人

的评价时要善于辨别与分析。

最后，让孩子在社会实践中了解自己。俗话说，“纸上得来终觉浅，绝知此事要躬行”。孩子多参加社会实践活动，有助于寻找自我展示、发展的空间，从实践中了解自己的能力如何。比如，是否有能力带领团队，是否能够独自完成工作任务等。我们也可以将自己同社会中的人进行社会性比较，得到更多他人的评价与认可，从而提升自我效能感。

青春期“谈情说爱”是渴望被理解、倾听

我遇到过很多因为孩子早恋来做咨询的家庭。早恋是初高中校园比较常见的现象。如何面对青春期孩子的“谈情说爱”呢？作为咨询师，我能够理解，青春期孩子试图解读自己的情感密码，探索自己的价值观，“谈情说爱”的过程是疗伤的过程，也是追寻理想之爱的过程。

我的大女儿果果在高考前两个月和一个她喜欢的男孩确定了恋爱关系。

这个时间节点，让我略微有一些紧张。当然，我知道这是青春期孩子成长过程中的必经阶段，是孩子们的一个自我认知和探索的过程。在这个阶段，他们开始意识到自己的身体和情感的变化，也开始思考自己与他人的关系。他们尝试理解自己的情感需求，探索价值观，并在这个过程中逐渐形成自己的情感世界。这种探索不仅有助于他们更好地了解自己，也有助于他们与他人建立更深入的联系。

青春期“谈情说爱”可能是互相疗伤的过程

一位初三的男孩告诉我，他之所以那么迷恋自己同班的女朋友，是因为她可以听他讲很多话，而这些话都是他从来不敢在父母面前讲的。即使偶尔讲了，父母也听不懂，甚至还会引发麻烦……所以，他宁愿憋着，也不再和父母讲。但是现在不一样了，女朋友不但能倾听他的心里话，还能够理解他、懂他。所以，每天他都会找时间和女朋友说话。周末就更向往能够和女朋友单独在一起聊天。同时，女朋友也会和他讲心里话。

果果谈恋爱时告诉我，她的男朋友性格像爸爸，同时又没有爸爸的急躁，他们彼此之间会分享各自的兴趣爱好，她学不懂的物理难题，他也会用心地讲给她听，甚至自己和其他同学之间发生的故事，两个人也互相倾听、互相支持。

青春期的孩子们常常会面临许多挑战和压力，如学业压力、家庭关系、社交等方面的困惑。这些或许会让他们感到困难、焦虑和无助。而在和同龄人之间建立的“恋爱”关系里，他们可以感受到被倾听、被理解、被支持……恋爱就像一剂良药，它能治愈孩子们的伤口，帮助他们从困境中挣脱出来，重新找回那个热情如火、勇往直前的自己。

孩子们在青春期会追寻理想的自己、理想之爱

果果在高中谈恋爱之前，曾经暗恋过其他班的一位男生。有一天她突然从屋里冲出来，激动得热泪盈眶地告诉我，她刚刚知道，这位男生在年级里排名前 40。看着她“喜极而泣”，我认真地说：“你暗恋的这位男生如此优秀，让你感到惊喜万分，你有没有发现，你的内在非常渴望

与优秀的人在一起？我想，或许这也是你对自己的期待——你希望自己可以成为像他一样优秀的人！”当我说完这句话，她的眼泪瞬间喷涌而出，她一边哭一边说：“妈妈，是的！他是我暗恋的男朋友，是我的理想之爱，更是我对自我的寻找！”

在青春期，孩子们开始对爱情有更高的期待和要求。他们渴望找到一个能够理解自己、支持自己、陪伴自己的人。通过与他人的交往，他们可以逐渐发现自己的喜好、价值观和理想伴侣的特点，从而更好地定位自己的目标和对爱的期待。在这个过程中，恰当的引导会让他们学会如何表达自己的情感和需求，如何尊重他人的感受和边界，从而建立起健康、稳定、长久的关系。

父母面对孩子“谈情说爱”时需要注意什么

青春期“谈情说爱”还需要父母引导孩子们保持一份理智和成熟。

首先，要告诉孩子尊重自己和他人的感受和边界，避免陷入早恋的风波中。其次，要教会孩子学会如何处理情感问题，避免因为一时冲动而做出错误的决定。最后，要引导孩子保持积极的心态和健康的心理状态，以应对青春期可能出现的各种挑战和压力。

总之，青春期“谈情说爱”是孩子们成长过程中的必经之路，它既是孩子们的疗伤过程，也是他们追寻理想之爱的过程。通过与他人的亲密接触和交往，孩子们可以更好地了解自己、探索情感世界、疗愈内心的创伤、追寻理想的爱情关系。

青春期孩子需要打破“被困住”的障碍

“心理学之父”斯坦利·霍尔说：“青春期是一个充满犹豫不决和矛盾情绪的过渡阶段，是风雷激荡的人生时期。”

青春期是一个充满挑战和机遇的时期，孩子们可能会感到困惑、焦虑、迷茫，甚至感觉自己被困在某种状态里，明知道这样很不舒服，但是难以摆脱、难以走出来。这些困惑、压力或许来自外貌和身体上的变化、学习理解能力上的压力、社会交往上的困扰，也或许是对自我认同的疑惑，来自家庭关系或亲子关系的冲突矛盾等。请家长朋友们不要担心，这些都是正常的，青春期就是孩子们成长经历中的一个破茧成蝶的过程。

无法面对的情绪是孩子们容易被困住的第一个障碍

因为父亲强行切断了家里的网络，导致初二男生晓华正在打的即将大获全胜的游戏半途而废，这是他和网友一起打了一个多月的游戏。晓华恼羞成怒，一边冲着爸爸大喊“凭什么要听你的?！”一边把自己的笔记本电脑摔在地上，并把家里的电视机也摔在地上……后来，摔东西的行为在家里经常发生。

在咨询时，我问晓华，现在说起这件事你有什么感受？他的表情、目光和语言里依然带着愤怒及无法言说的心痛。他说，他曾经想过离家出走，但是又不知道自己能去哪里，因为不满 18 岁，他连酒店都不能住。在家里最让他难受、窒息的不是不能玩游戏，而是父母日复一日、千篇一律的唠叨，那些他从小听到大，几乎没有变化的唠叨……很多时候，这些话总是莫名地激发出他想摔东西的冲动，有时能控制住，有时根本无法控制。

自从和父亲发生了强烈的冲突后，晓华就再也没有去学校，每天就是在家里睡个昏天黑地，睡醒了就看书，有时也用手机玩游戏，但他再也不打游戏了。他觉得自己就像被定格在某个时空中，他自己走不出去，别人也走不进来。我问他："如果现在让你自己离崩溃、发脾气的行为远一点，你需要什么支持？"孩子想了一会儿，眼圈红红的、眼泪在眼眶里晃动，能感觉到他在强忍着不让眼泪流出来，他说："他们（指父母）能够好好和我说话……"

是的，很多孩子像晓华一样，就这样被困在他们生活、学习等关系中的某个环节里，用观望、等待或暂停的方式让自己待在这种状态里。

《解码青春期》一书中说："在青春期，身体和心灵的突变就像一场剧烈的风暴。每一个看上去叛逆、难以接近的孩子，都需要父母强有力的支持。"

著名作家、茅盾文学奖获得者麦家曾经在中央电视台的栏目《朗读者》中提到，在儿子初二的时候，有一天他突然关上了门。"除了吃饭和上厕所外，他的门从来没打开。他不允许其他人进到他的房间，不然他会离家出走。”随着房门一起关上的，是他的心门。面对叛逆的儿子，麦家没有放弃。做饭时，他会邀请儿子分工合作，一起完成一桌佳肴；吃饭时，会主动给儿子夹菜；准备出去散步时，会轻叩儿子的房门，邀约他一起去；爬山时，会帮儿子准备好登山鞋，儿子爬得吃力时，会伸出手拉儿子一把。虽然还是没有太多的语言交流，但麦家知道，父子关系正在逐渐缓解，儿子的叛逆情绪在慢慢降温，一切都在向好的方向发展。

我猜，为自己的学习生活按下暂停键、叛逆、拒绝沟通等方式，或许也是青春期孩子们尝试的一个新的探索世界的方式、方法。同时，也需要父母给予他们更多的支持与引导。

缺少成就感是青春期孩子被困住的第二大障碍

“我什么也做不好”“我不会做”“我怎么做都是错”……我们经常听到孩子这样表达对自己的认知。如果自我成就感满分是 10 分，经常说这句话的孩子的成就感分数已经接近 0 分、1 分或 2 分。

简单来说，“成就感”就是当自己做的事情得到自己在意的人的认可、表扬，内心就会觉得自己能行、自己很棒，会加强对自己的肯定，从而有进一步做事情的欲望。

大多数陷于焦虑、抑郁状态的孩子，成就感的自我评分分值都不高。

一个被诊断为中度抑郁的女孩，在咨询室说起自己的优点只有一个，说起有成就感的事件也只有一个，所以她对自己的学习、同伴关系都很焦虑。她经常紧张得无法入睡，导致掉头发、记忆力越来越差。这些在生活中的表现，让她更加焦虑自己的状态。面对考试、升学、未来……产生焦虑的背后是对自己的不信任，让她更加无法投入“学习”这件事，只能把自己的时间放在焦虑上。所以，我们会发现，缺少成就感的孩子，执行力会越来越差，做事越来越拖延，个人越来越无力，甚至干脆什么都不做……

一个高三的男孩高考落榜后，坚持选择了复读。在复读的过程中，他很渴望自己能够超车逆袭，让所有认识他的人对他刮目相看。但是，当他进入学校开始复读之后，他发现很难对自己"狠"。他会给自己安排学习计划，他会逼自己认真听课，他有问题、有困惑也很想去问清楚、问明白……但是，他发现自己经常做不到，安排了一下午的各种计划，结果刷了一下手机时间就过去了，然后开始责怪自己，觉得自己没有"血性"，不能快速提升学业成绩！"自己很差劲"的自我评价也会跳出来时不时地攻击自己。在咨询中，他说："我其实从开始选择复读就对自己没有信心，因为我从来没有觉得我是可以的。"

为什么很多孩子的成就感偏低？因为在孩子的成长经历中，父母或其他养育者的包办替代让他很少能获得成就感。"吃饭、睡觉、穿衣服……什么都做不好，甚至玩都玩不好！"这类评价成了孩子记忆中储存最多的语言。

成就感是推动孩子做事的最大动力源，是孩子内心主动生发的自驱力。这种自主性来源于孩子的主观意愿，没有任何外力的强迫，胜过家长万千的"苦口婆心"。

无意义感是青春期孩子被困住的第三大障碍

"我很累……""我为什么要学习？""每天做妈妈安排的事情有什么意义？""活着的意义是什么？"……当越来越多的青少年开始质疑意义感，说明他们已经进入对自我价值感深度思考的过程。同时，他们也会用很多时间与精力反复思考、探寻各种意义感。

在咨询室里，一名初一男生就曾带着迷茫的目光问我，活着让人觉得这么累、这么苦，而且人终有一死，为什么还要活？

还有一个 10 岁的孩子进入对个体价值感、意义感的探索和追求中。他说，他觉得这种毫无意义的生活让他窒息，他就像掉进了无底的深渊，看不到自己在哪里；父母的婚姻残败不堪，一家人在一起都是冷冰冰的，每天过的都是父母、老师安排好的生活，根本没有多少是自己想做的，也没有朋友能够懂他……他问我："老师，每个人活着都这么痛苦吗？"

"空心病"患者大多源于一种强烈的社会价值观，即人生的目的只是追求金钱、地位，学习和工作只不过是追求这一目的的手段。而在存量竞争的大背景下，年轻人渐渐认识到，个人奋斗的程度与收获不成正比，他们再努力也过不上自己想要的生活。在这套价值体系里，他们不被允许感受真实自己的存在，无法实现对自己的肯定。久而久之，自然就会出现无意义感。

无意义感的孩子渴望寻找到自我生命的价值和意义，他们需要从父母这里拿回更多的主控权，自己去安排生活、学习，要有足够的空间和时间去和自己链接，做深度自我探索。如此，他们才能更快地找到适合自己的生命状态，找到 意义感。

如何帮助孩子打破这些被情绪困住的障碍

第一，家长需要学会耐心倾听孩子的想法和感受，同时不要急于给出答案，而是通过"你怎么想？""你有什么好办法？"等提问，引导他们自己找到答案。

第二，鼓励并帮助孩子创造更多的社会交往活动。青春期的孩子非常渴望有能够交心的朋友，他们需要通过更多的社交机会认识新朋友、表达自己的想法和感受。一方面，家长要鼓励孩子参加一些兴趣小组、社区活动等；另一方面，家长要为孩子创造更多与同龄人一起玩耍、游戏的机会，让他们在与同伴的社会交往中获得快乐和成就感。

第三，帮助孩子增强自信心。青春期是一个自我认知不断深化的阶段，孩子需要找到自己的价值和意义。家长可以通过看到、赞美、鼓励等方式帮助孩子增强自信心，让他们相信自己有能力面对生活中的挑战。同时，引导孩子正确看待自己的不足和失败，鼓励他们从失败中汲取经验，不断成长。

第四，在夫妻关系上做功课，营造温馨和谐的家庭氛围。和谐、友爱、支持的家庭氛围，对孩子的成长和内心世界的发展影响巨大，能让孩子感受到家庭的温暖和关爱，能够从父母的关系模式里感受到爱和学会爱。

第五，无论孩子的成长进入什么阶段，家长都要保持积极学习的状态。因为只有持续学习的家长才能和孩子同步成长，当我们遇到养育困难和挑战才不会恐慌、焦虑、慌张，才会基于对一个青春期孩子的理解与他对话、和他探讨问题，一起面对困难，才会不苛求自己，相信孩子有他自己的成长节奏和成长方式，相信他们努力就好。

帮助孩子与老师建立融洽的师生关系

师生关系是孩子成长过程中要面对的重要一课。

有的孩子因为喜欢某位老师，就会格外喜欢这位老师教的科目，会带着热爱主动花时间去学习，这样的师生关系就是正向支持孩子学习发展的。

有的孩子不太喜欢或厌烦某位老师，也会从内心不想听这位老师在讲什么，甚至用不做作业、上课睡觉等方式表达对老师的不喜欢。如果自家孩子与老师的关系是负向的、干扰影响孩子学习发展的，父母就不知所措了，也不知如何与孩子沟通关于正确看待及重建孩子和老师之间关系的话题。

无论孩子与某位老师的关系是积极的还是消极的，在孩子的成长经历中都是一种正常的关系模式。这是父母要引导孩子学习与人友好相处的重要一课。

攻克不良师生关系的关键是亲子关系

面对孩子的不良师生关系，身为父母，我们要觉察一下：孩子对抗的是学校老师还是家庭中不敢对抗的父亲或母亲?

初中二年级的来访者晓晓，因为语文老师的严厉，越来越不喜欢语文老师，甚至因为每天都要上语文课而不想去上学。咨询过程中，在对晓晓因语文老师而产生的愤怒、不满、焦虑、委屈等一系列情绪进行疏导后，我问她，你觉得这位对你影响如此之大的语文老师像你家里的谁？晓晓不假思索地回答，像妈妈。

有很多孩子在学校里对老师、主任、校长的看不上、对抗、愤怒等情绪都来自家庭中不和谐的亲子关系。

后来，我对晓晓妈妈持续做了家庭系统咨询，妈妈对晓晓的严厉模式逐渐发生转变。晓晓眼中的语文老师也慢慢变得不一样了，她对语文老师的厌烦、抵触逐渐减少，经过不到 3 个月时间，晓晓可以正常上学，认真听语文课了。

这样的案例，在咨询中经常会遇到。当孩子看到自己对学科老师的不喜欢，其实来自对父母中某一人的投射，一旦收回在老师这里对父母的投射，孩子就会有很多新的发现与新的解决问题的方案。

带孩子正确认识老师与学科之间的关系

在孩子的认知里，老师是最有权威的、完美的、最有爱的……孩子会在老师这里寄予很多期待，如期待自己被老师看到、被支持、被爱护……期待老师讲课精练简洁、幽默诙谐等。一旦孩子对老师的期待没有如预期般实现，孩子就会进入到“失望”的状态里。如果失望持续不断，又被老师批评或惩罚，很多孩子会选择用拒绝学习老师所授学科知识的方式来拒绝老师。

高三年级女孩茜茜，在物理学习上越来越吃力，甚至表现出厌烦情绪。在沟通中，我和她聊到物理时，她说：老师讲课我听不懂，老师还有口音，老师很少问同学们还有什么问题……茜茜说了一大堆物理老师让她不爽的理由，最后她表达自己真心不喜欢这位物理老师。

听她说完，我问她："你和物理老师的关系可以持续多久？"她说："顶多高中三年。"

我又问她："你和物理学科的关系可以持续多久？"她说："如果我选择理科，有可能会有一辈子的关系。"

我给她点赞后，对她说："听到你的这个回答就说明你很清醒。唐代文学家韩愈创作的《师说》中对老师的定义是：'师者，所以传道授业解惑也。'意思是说，老师是来传授道理、教授学业、解释疑难问题的人。我们可以理解为：老师是知识的传递者、是学生的答疑解惑者。同时，我们要知道，老师不是神，和我们一样都是普通人，只不过他们的职业是老师。就像有人的职业是医生、有人的职业是律师、有人的职业是警察……在芸芸众生中，与一个人相处觉得不舒服也是很正常的。因为没有老师是完美的！如果这位老师就是你看到的样子，我们没有办法让老师为你的'喜好'发生转变，你会怎么办？"

茜茜想了好一会儿，说："我在想，是老师讲知识的方法我听不懂，还是我的物理选课报的层级高了（北京的很多高中实施根据学生的实际学习能力和水平自由选课的教学方式）？我想下周我是不是可以去其他层级的物理教室听听课，看看我能不能听懂，或者有没有我喜欢的风格的物理老师，然后再做决定。"

当茜茜有了这个想法，她的眼睛顿时明亮了很多。她笑着离开了咨询室。一周后，茜茜带来一个好消息。她找到让她喜欢又听得很明白的物理老师了，同时也向班主任申请了调级，虽然这是学校为学生们设置的分层最低的选课教室。

在后来的咨询中，我们也用了一些时间和茜茜探讨了那位让她不爽的物理老师的优势能力和同学们反馈的喜爱他的地方，从主观、客观不同的视角重新认识这位物理老师，结果茜茜发现，这位老师也有很多值得她喜欢和学习的地方。

在师生关系中定位自己的需求

在师生关系中，父母需要带孩子看到老师的职业角色特点。老师是孩子的第二位引路者，是孩子学习科学文化知识的传递者，也是孩子校园生活的组织者、管理者、陪伴者、照顾者等。随着孩子年龄的增长，进入初高中后，老师在孩子面前承担陪伴者、照顾者的角色越来越少，甚至慢慢淡出这两个角色，更为凸显的是引路者和知识的传递者。

那么，随着不断成长，孩子能否正确理解和认知老师角色上的变化呢？

同时，作为家长需要和孩子沟通的是：在师生关系中，你是否明晰自己的需求是什么？

14 岁的女生乐乐来访，她说数学老师经常在课堂上发牢骚或者抱怨他们班的作业错误率太高等，所以她们班同学都对数学老师的行为有意见，但又不敢如实向老师表达。这件事让乐乐尤为烦恼。她认为本来就有限的课堂 40 分钟，被数学老师一通牢骚，10 分钟就没了……同时，这些牢骚也影响了一些同学的情绪，导致他们失去了在课堂上认真听课的耐心。

在咨询中，我问乐乐，她在数学课上的需求是什么？

她说想好好学数学知识。

我问她：“什么样的标准和状态是好好学数学知识？”

她说：“课堂时间高效利用，老师用40分钟时间讲清楚这堂课要讲的数学知识的重点、难点，有时间做练习和收集同学们学习后的反馈，全班同学85%以上都能听明白并能做对习题，这就是高效课堂。”

我震惊于乐乐对高效课堂的理解。

我问她：“你认为现在的数学教学中，老师要提升的地方有哪些？”

乐乐说：“上课只讲课，不扯题外话；语言精简，聚焦知识点；不评判同学……”看看，孩子们对学习的期待多么清晰！

我又问她：“有没有想过做些什么可以让数学老师对自己的课堂教学做些调整？”

她说：“同学们写过联名信，但被班主任扣下了。我想是不是可以邀请数学老师在我们班开个座谈会；可以去办公室找老师说说我们的想法；可以中午吃饭的时候在餐厅假装偶遇老师，然后说说我们的期待……”

乐乐一边想策略一边说。

最后，我问她：“这么多策略可以支持你和数学老师沟通，你觉得哪个策略更容易操作、更有效，同时老师更愿意接受？”

最终，乐乐选择和数学课代表以及几位同学把老师约到学校某个花园的一角，大家一起聊聊对数学课的期待。

两周以后，乐乐再来咨询，她告诉我，数学老师开始有行动、有变化啦……

在孩子的学业生涯发展过程中，家长需要帮助孩子找到在学科学习中的真实需求，同时引导孩子寻找适合与各学科老师沟通的方式方法。

这是孩子的成长功课，也是父母要和孩子一起面对和探索的成长功课。

帮助孩子正确看待他人的评价

1902 年，美国社会学家查尔斯·霍顿·库利提出了“镜中我效应”，他认为：“一个人的自我观念是在与其他人的交往中形成的，一个人对自己的认识是其他人对于自己看法的反映，他所具有的这种自我感觉，是由别人的思想、别人对于自己的态度所决定的。”库利将之形象地比喻为：将他人看作一面镜子，从这面镜子中可以照出我们自己的样子，而我们从镜子中看到的那个样子就构成了自我。

要帮助孩子形成正确的自我意识，借由他人学会“照镜子”是重要途径之一。

适时帮孩子正视自己的问题

果果上初中时，她感觉自己被同寝室的人孤立了，同屋一共 4 个人，其他 3 人集体行动，没有人喊她一起去食堂、一起去教室等。她为此很受伤。

在回家的路上，她泪流满面地向我讲述了这些日子的种种被孤立、被冷落、被排斥……我共情到她的内在感受后，说：“听你讲完这些故事，我听到了你很委屈、很生气，你曾经对她们这么好，却被她们排斥、孤立。同时，我也听到你很渴望和她们一起去食堂、一起去教室、一起参加各种活动，这会让你觉得自己是被接纳的。而当她们不再喊你时，你觉得自己被拒绝了，觉得宿舍团队把你踢出来了……”她一边哭一边点头赞同。

当她释放完情绪、心情平静之后，我又问她：“你有没有想过，是什么让她们这样对待你？”她沉默了，同时又不解地看着我。我说：“是的！或许这么问让你不舒服，但如果可以想一想，或许能帮你找到不一样的解决方案。”她沉思了好一会儿，平静地说：“好像是我先冷落她们的，是我觉得她们早起太慢、太磨蹭，就自己先去食堂排队吃早饭的；是我觉得她们总是聊闲天，不和她们一起在宿舍活动，自己去图书馆学习的；是我觉得她们……”当她讲完这些，那些委屈、愤怒好像已经灰飞烟灭了。她说：“妈妈，我知道自己应该怎么做了。”

有时候，孩子身上的不足就像鼻子上的红点，别人看得很清楚，孩子自己并不知道。家长可以在合适的时候帮助孩子正视自己的问题，并帮他及时擦掉“红点”。当孩子能够逐渐正视自己，就会拥有积极的成长动力。因为他已经成了自己的镜子，他知道如何让自己变得更好。

用赋能“三问”帮孩子获得正向支持

对于孩子来说，自我评价及自我认同感很大程度上取决于他人对自己的态度。在咨询中，因为他人的片面评价或否定而否定自己的孩子也很多见。当孩子向父母表达伙伴或他人如何评价自己的时候，很多家长并不是很在意孩子的心态，或者说，缺乏对这种效应给孩子带来的影响的感知。如果父母不能支持孩子采取正向干预，这种不当的打压、嘲讽、挖苦等同伴交流方式会给孩子造成消极影响，严重的甚至会形成心理障碍或创伤。

当孩子借由他人的看法无法正向照见自己时，父母要给予帮助和支持。爱因斯坦小时候性格内向，同伴、老师都质疑爱因斯坦的智商，但爱因斯坦的母亲却说："我的儿子将来一定会成为鼎鼎有名的科学家。"如果母亲也和老师、同伴一样对他的评价是否定的，那么这个大科学家很可能就会成为普通人，成为芸芸众生中的一员。他的成功与自身的努力和天赋有关，同时也与母亲的正向引领、高度认可密不可分。

当孩子被从反面照见时，父母可以通过赋能"三问"让孩子自己从中获得正向支持。

首先，你认为自己是这样的吗？这个提问可以帮助孩子学会反思自己。无论是或不是，这个提问都会提升孩子的自我觉察能力。

其次，当同学说你是什么样子时，你是否就真的是这个样子？这个提问可以帮助孩子提升自我识别、分析和判断能力。

最后，无论你是什么样子，面对他人的评价，你觉得自己可以用什么姿态回应？这一问聚焦在行动上，可以帮助孩子思考怎么做才是对自己的支持，才能让自己更加优秀。

赋能"三问"让孩子逐渐学习到一个重要的本领，即把关注点从他人评价转移到对自己的个体关注上，转移到对自己的发展和提升上，转移到如何做最好的自己上。

"照镜子"是孩子成长中习得的重要的自我成长能力之一，同时，这一能力的形成需要父母给予更多的关注和支持。

“摆烂”其实是孩子遇到了困境

“摆烂”是当前青少年的一种生命状态，而且呈现这种状态的人越来越多。“摆烂”的孩子好像无法看到自己向好的方向发展的希望，于是选择逃避、放弃的姿态任其发展。很多家长说孩子的这种状态是“破罐子破摔”。

“摆烂”是孩子对自我的一种看见与关注

一位初三的女孩来到咨询室，从初二下学期开始，她就经常莫名地有各种情绪喷涌而出，这导致她无法上课，也听不到老师在讲什么。于是，她常常选择离开教室，到校园里溜达或晒太阳，让自己的情绪慢慢得到消化。后来，这样的情况越来越多，她就向妈妈求助，让妈妈把她接回家。

在咨询访谈中，我带着孩子看到了她自己的信念和价值观与父母、老师的信念和价值观之间的冲突。这些冲突让她想对抗，又无力对抗。同时，在生活、学习中她一边顺从父母或老师的命令，一边在心里对自己说“我不想这样做”。内在的感受、情绪上的冲突给她个人的生命状态带来严重的影响，头脑混乱、无法学习、情绪暴躁、浑身乏力等状态导致她最终无法面对学业，经常会想办法离开学校，回到家里蒙头大睡。

当来访者看到这个冲突点，瞬间号啕大哭。我告诉她，她可以哭、值得哭，因为这些天她自己在这些冲突过程中太辛苦了。

痛哭之后，她逐渐平静下来。我问她，感受如何？她说，突然觉得轻松多了，头脑里好像也没有那么凌乱、混沌了。

我告诉她：“因为你看到了真实的自己！你清晰了你所有状态的呈现是因为你想做真实的自己，同时你又无法面对自己无力的部分。”

所以，当孩子看见了自己，她所有的行为背后都是潜意识对自己的关注，她瞬间就“清醒”了。

“摆烂”背后是孩子的一种行为自救

一个离开学校半年之久，在家里躺了半年的高三男孩告诉我，他离开学校之后，一刻都没有停下思考。

我很好奇地问：“你在思考什么？”

他说：“我在想，我到底想要什么？去学校或不去学校对我的影响是什么？我最想成为一个什么样的人？”

我问他：“躺了半年，你找到答案了吗？”

他沮丧地说：“还没有。”

我问：“为什么想了这么久还没有答案？”

他说：“因为我很少深入地去想。每天爸爸妈妈都会各种唠叨让我回学校，我无处躲藏。后来，我不吃饭了，他们才开始不唠叨了。”

我问：“你希望父母怎么对待你？”

他说：如果不能懂我，就别理我，让我自己慢慢想。我是想让自己好的！

是的，很多孩子选择摆烂背后，都是渴望找到自救的有效途径。如果这个过程能得到父母的理解、支持，或许就会快一些，如果父母无法理解、支持，孩子自己探索就会慢一些。

摆烂，并不是忽视一切坏情况不管不顾，而是退后三步。房子着火，拍照是一种强迫性的自我冷静；人生乱套，睡觉是对情绪的沉淀和状态的恢复；大难临头，“不知道怎么办”是从旁观者的角度思考对策。给自己一段时间，把自己从坏情绪和不知所措中分离出来，用冷静和理性去面对问题。这才是摆烂的真实意义。

“摆烂”是按下暂停键之后的沉思、梳理与成长

“当一块钟表走得不准了，那它走的每一秒都是错的。与其一直错下去，盲目前行，不如及时暂停。”

一个持续半年没有去学校的高中男孩主动来寻求帮助。在咨询期间，我推荐给他三本人物传记，他读完后告诉我：这三本书对他帮助非常大，让他知道了生命的意义，也理清了自己未来的方向。在第八次咨询结束后，孩子主动联系学校，并带着坚定的梦想回到学校正常上课。

摆烂，是按下暂停键之后，给自己时间、空间去思考、梳理那些感受和情绪。

摆烂，是按下暂停键之后，把自己抽离出来，静心观看自己的生命状态及内在燃烧的“情绪之火”。

摆烂，是按下暂停键之后，站在他人视角纵观全局的审视与自我整合。

因此，摆烂的真实目的，是当事人寻找更适合的解决问题的方法，从而走出自己“精神内耗”的生命状态。

每个摆烂的孩子，他们的感受力都非常强大，他们会感受到自己内在的不舒服、混乱、迷茫……对他们来说，这就是他们当下最大的“困境”，也是自己无路可走只能选择摆烂的“心理承受力临界点”，或者也叫“谷底”。

这时，或许最有效的策略就是允许他们暂停下来，允许他们用自己的方式解决问题，允许他们去面对这个困境、去回看、去思考、去梳理自己、去展望未来……等这个过程经历完，相信他一定可以找到最适合的解决方案。同时，他的生命也会更加有力量。

理解孩子的情绪

进入到小学中年级，尤其是进入到小学高年级以后，孩子的自我认知飞速发展，他们对自己感受得越多，就越清晰地知道自己想要什么，同时他们希望自己的情绪能被爸爸妈妈理解。

被允许哭泣是一个孩子最基本的情绪自由

一位小学四年级的男孩在咨询时告诉我，在他很小的时候妈妈就不允许他哭。无论他遇到多么难过、伤心的事情，只要妈妈在，就要把眼泪收回去。他说，他现在已经不会哭了……有时，同学欺负他，他也不哭，但总觉得心口堵着什么，硬硬的。他说，他觉得自己好像有问题了，因为没有什么事情能让他感受到开心。

有这种经历的孩子还有很多。

一个高二的孩子告诉我，他小时候每次流泪时，他的爸爸都会以耻笑、看不起的语气说："一个大小伙子怎么这么娇气、爱哭，多丢人。"哭，对他来说，代表着丢人，代表着耻辱。

一个初一的女孩在家里从来不哭，因为只要她哭了就会被妈妈骂：你就知道哭，除了哭还会做什么？！哭，对她来说，代表着糟糕，代表着怂，代表着无能。所以，她轻易不让自己流眼泪。

一个小学一年级的女孩哭的时候会跑到门后或餐桌下面……因为不想让人看到她哭了。

哭是人们表达情绪情感的本能。因为成年人对哭的偏见或错误认知，用来制约孩子用哭的方式表达情绪情感是反人性的行为。

所以，对孩子来说，被允许哭泣是最基本的情绪自由。

懂孩子就是和孩子的95%内在感受在一起

我经常会给家长朋友们讲如何借助冰山理论开启和孩子的有效沟通。在冰山理论中，浮在海平面上的那部分叫行为，这部分在整个冰山中占比 5%，剩下的 95% 都在水平面以下，它们分别是应对方式、感受、观点、期待、渴望、自我等。当我们尝试着去懂孩子的时候，我们就是在和水平面以下的这 95% 合作。懂孩子，能够理解他的应对方式，体会他的感受，清楚他的观点，了解他的期待和渴望，同时也知道他内心深处最真实的想法。

所以，当我们去尝试懂孩子的时候，我们就开启了孩子 95% 的内心世界的大门，这比和孩子 5% 的行为合作更有深度、更有效果。

一个一年级的小男孩，课间和同学叠纸飞机比赛，结果他叠的纸飞机飞得最高、最远，于是很多女生都想要一只他叠的飞机。为了给这些女生叠飞机，他上数学课都在抓紧时间叠纸飞机，结果妈妈被数学老师找来谈话。到校后，妈妈看到孩子笑着说的第一句话是："儿子，你真厉害啊，一只纸飞机就能让好多女生敬佩你，妈妈都为你感到骄傲和自豪！”儿子本来担心妈妈批评自己，听到妈妈这样说，瞬间就放松下来，自夸地说：“是的！妈妈，她们都喜欢我叠的纸飞机。”儿子的语气里充满了自豪和骄傲。

后来，妈妈和儿子探索解决问题的办法时顺畅又高效，孩子一点也不排斥。因为他被妈妈同理到了，他自己也知道上课不应该叠飞机，他也明白了要协调时间……

在情绪上被同理、被共情是你走进孩子内心的第一步。

只有懂孩子，才能给孩子真正有效的支持

一名初三休学的学生，重新回到学校后，依然经常不想上学。爸爸说，她在家里经常和爸爸妈妈开各种玩笑，逗爸爸妈妈开心一笑。而孩子的这个行为常常被妈妈批评指责，说她缺心少肺，不好好学习，只知道玩。在做了家庭访谈之后我发现，在这个家庭中，爸爸妈妈都是不苟言笑的人，同时妈妈又经常各种抱怨、不开心、情绪低落，回家躺床上生气是妈妈在家庭中的常态，而爸爸这时总是一言不发地做饭、收拾房间、照顾孩子……孩子正是看到了家庭中的这种状态，才会每天用傻傻的状态逗他们笑。

看了他们的家庭现状，我和孩子说，虽然在这个家庭中，表面看起来你是最轻松的，想上学就上学，想不去就不去，每天还能让自己找到这么多开心的事情逗父母笑，事实上，他们不知道，你在这个家庭里也很辛苦。但是，这份辛苦他们还不能理解，不能懂。听完这句话，孩子瞬间泪流满面，她说，我只想让他们活得开心一些、轻松一些、自由自在一些……

我告诉她：当我们帮助家人的办法无效时，我们就要尝试换其他的

办法。要相信，总会找到一个最有效的解决问题的方案，只要你想解决这个问题。

她非常认同这句话。

然后，我问她："你有没有发现，当你做些什么事情的时候，他们会感到开心或高兴？"她想了想说："当我去学校或者考出好成绩时。""还有吗？"我继续问。她说："当我在家不玩手机时。""还有吗？"我又问。她说："当我的房间被我收拾得整整齐齐时。"

聊到这里，她突然说："老师，是不是我可以用父母喜欢的方式让他们开心，而不是用我认为的方式？"

我竖起大拇指给了她一个大大的赞。我说："你看你的觉察能力多强！说着说着就想到了更好的做法，为你点赞！"

后来咨询到第 8 次时，孩子就很规律地按照学校的时间点去上学了，对学业也开始用心。当她借助自己的状态调整去影响爸爸妈妈，同时也逐渐找到了自己学习上的成就感，看到了自己越来越多可以做到的地方。

因此，支持一个孩子的重要前提就是，你要懂他。

做孩子的情绪“净化器”

情绪无好坏之分，它是人的一种感受。“有情绪”说明孩子的感受力强，他在用心和这个世界的人、事、物建立连接。

英国精神分析学家威尔弗雷德·比昂曾将父母容纳情绪的能力比作一个容器，这个容器体积越大、内部越空，帮助孩子调节情绪的能力就越强。

事实上，父母除了能够承载、包容孩子的情绪，还需要帮助孩子学会净化情绪。

我的二宝在上幼儿园时，有一天，她最好的朋友茜茜对她说：“我以后再也不和你做朋友了，我要和 ××× 做朋友去。”于是她搬着板凳坐到了 ××× 身边（幼儿园的小朋友是可以自己搬着板凳选朋友坐的）。二宝告诉我，她强忍着没让眼泪流出来，这一天她非常伤心，因为她的好朋友不理她了。二宝说着这段心痛的经历，眼泪已经不由自主地流了出来。我抱着她，让她在我怀里把忍了一天的委屈痛快地哭出来，她一边哭，我一边重复着她讲给我的经历……她点着头说：“是的。”

父母要学会悦纳孩子的情绪

所谓悦纳，就是全然接受。二宝从说起这件事一直到情绪平和大约经历了40多分钟的时间。在这段时间内，我什么都没有做，只是坐在她身边，要么抱着她，要么拉着她的手倾听她。等她哭痛快了，我才开始启动下一步工作。

父母要鼓励孩子把情绪表达出来

我问二宝，当你给妈妈讲完今天的糟糕事件，你当下的感受是什么？她擦了擦眼泪说："我特别生气！我要和茜茜绝交！我以后再也不理她了！她就是我的敌人！"她一边说着最解气的话，一边用手扯着手里的纸巾，我能感受到这件事情对她的影响确实很大。她太伤心了，太生气了。同时，她每说一句话，我都重复一遍："我听到你说，你特别生气，你要和茜茜绝交，你以后再也不理她了，她就是你的敌人。""对！"二宝狠狠地点着头。

父母要学会共情孩子的情绪

我告诉二宝："妈妈感受到了你在讲述这件事情的时候很委屈、很伤心、很生气、很气愤……因为在你心里，一直把茜茜当作最好的朋友，她对你来说很重要，你也非常喜欢她，所以，她这样做，让你太伤心啦！"

"妈妈知道，二宝是一个非常友善的小朋友。你希望和你的朋友一直友好相处下去……说到这里，二宝又伤心地哭起来，她一边哭一边说："是的！我还想和她做朋友。"

这部分就是和孩子共情，让孩子感受到她是被懂的、被理解的，也是被妈妈感受到的。

父母要和孩子共同寻找有效的解决方案

当孩子的情绪基本释放完了，我告诉二宝："每个小朋友都有选择自己朋友的权利。你有，茜茜也有。你可以选择茜茜做朋友，也可以选择其他小朋友做朋友，这是你的权利。茜茜可以选择你做她的朋友，也可以选择其他小朋友做她的朋友，这是她的权利。我们要尊重和允许每个人的自主选择权。"

二宝点点头，说："可是我不想选别的小朋友做朋友。"我说："是的，妈妈听到了，二宝最喜欢的朋友就是茜茜。"二宝点头。我问她："如果你还希望茜茜成为你的朋友，你想做些什么？"她沉默了好一会儿说："我明天带她最喜欢的糖果送给她，然后问她'我们还可以是好朋友吗'？"我马上鼓励二宝说："好啊！除了这个方法，还有其他方法吗？"二宝说："我明天主动去和她说话，送她一个我自己做的咕卡。"我继续鼓励她："真好！还有其他办法吗？"二宝说："我自己主动坐到茜茜的位子旁边，告诉茜茜，我还愿意和你做朋友。"我说："都很棒！二宝，你为了找回自己的好朋友，有这么多的办法！你可以选择一个你觉得最适合的去做，妈妈相信你一定可以如愿以偿。"

第二天，二宝和茜茜的关系就恢复如常了。

孩子每天有各种各样的情绪，这很正常。重要的是，身为父母，我们如何做孩子情绪的"净化器"，让孩子的情绪能够被感受到、被允许表达出来、被共情、被释放的同时找到解决问题的有效方案。

培养一个愿意和你说真话的孩子比培养一个听你话的孩子更重要，培养一个有感受力的孩子比培养一个成绩好的孩子更重要。

第四章

引导孩子思考，激发强大内驱力

“你怎么看？”——带孩子探索自己

心理学家阿德勒说，心理最为奇妙的地方是，决定我们行动方向的是我们对事实的看法，而不是事实本身。

孩子自己的“看法”就是验证孩子“内在成长”的重要呈现。

在生活中，面对父母的提问，很多青少年都会不假思索地直接回答“我不知道”。孩子的这一状态让父母很是头疼，他们不知道该如何引导孩子去真实地表达自己。

我们先来探索一下，孩子为什么会用“我不知道”回答呢?

“我不知道”或许是真的不知道；或许是我知道但我不敢说，因为我不知道这是不是对的；或许是担心自己说的不是父母想要的答案；也或许孩子无论知道或不知道都不敢说，因为经验告诉他，他说什么都会被父母指责、批评。

或许还有其他原因。除了真的不知道外，害怕、紧张、退缩、逃避或许是孩子不敢说的主要原因。如果孩子正常的表达通道被堵住，取而代之的就有可能是情绪和行为问题，甚至出现心理障碍。

无论是哪种原因，父母先要清晰地知道孩子说“我不知道”的时候，是培养他们思考和学习能力的最佳时机。而培养孩子的这种能力并不难，只需要父母闭上嘴巴，放下评判，经常问孩子一句话：你怎么看？

“你怎么看？”允许孩子各种状态下真实地表达自己

当孩子真实地表达不知道的时候，我们可以耐心地告诉孩子：“不知道”很正常，每个人都有很多“不知道”。学习、成长就是从“不知道”到“知道”的过程。当孩子被支持、允许了，他就会放下戒备之心，整个人也就松弛了，或许“知道”的答案就随之“蹦”出来了。

或许，对孩子来说，“不知道”要比“知道”的意义更重大。

“你怎么看？”激发孩子自我思考

孩子说“我不知道”时，我们不用去考虑原因是什么，可以这样回复他：“妈妈听到你说‘我不知道’，是的，或许这个问题有点难，这一秒你确实不知道，假设你知道答案，你会如何回答？当然也可以猜猜看，答案是什么？”

回应孩子之后，我们需要停一停，给孩子一点时间去思考。这期间，不给孩子建议、方法，只给孩子足够的耐心和平和的等待。或许，孩子会给出我们意想不到的答案。同时，在等待的过程中，孩子也能感受到父母对自己的尊重。

这个问题背后，是对孩子自我思考能力的激发，同时，我们告诉孩子：事实上，每个人都是自己的问题解决专家，都能自己找到答案。重要的是，自己找到的答案才最适合解决自己的问题。

“你怎么看？”通过追问让孩子深度思考

一名讨厌英语学习的初中生来访，他向我抱怨他的英语老师总是拖堂。于是，在沟通过程中，我没有把目标放在喜欢英语上，而是和他一起探索关于英语老师的拖堂。

我问他：“你怎么看老师拖堂这件事？”

他说：“老师太自恋了，他只想着讲自己的知识，忘记了我们学生的感受，有点自私。”

“是的，你感受到了老师对传递知识的迫切，却忽略了你们学生的感受。还有吗？”我重复了孩子的感受之后，继续追问他。

他说：“老师无法理解我们坐了一节课后对课间的渴望。”

“是的，你们渴望课间休息，同时你觉得英语老师没有体会到你们对课间休息的渴望。还有吗？”

他说：“是的！事实上，我们也不是很讨厌英语老师，他平时对我们还是挺好的，我就是很讨厌他拖堂的行为。”

“我听到了你的一个新发现，你不是讨厌英语老师，你讨厌的是他拖堂的行为。还有吗？”

他说：“是的，如果他不拖堂我还是很喜欢他的。其实，他拖堂或许也是为了我们多学一点，只不过他不知道，我们已经听不进去了。”

“哦，我听到了你说，如果英语老师不拖堂你还是很喜欢他的。同时，你发现，事实上，他只是在讲他想讲的知识，他并不知道你们已经听不进去了。还有吗？”

他说：“我在想，如果我们去和老师沟通一下，告诉他我们的感受，不知道他会不会就不拖堂了呢？”

“或许这是一个很好的想法！你突然发现，事实上，你和英语老师之间缺少一次关于‘拖堂’这个话题的沟通。还有吗？”

他笑了，说：“是呢，我怎么从来没想到要找他沟通这个点？或许，我还能和他聊聊怎么学好英语，不过不知道他有没有好的建议给我？”

我也笑着继续问：“当你发现了这个解决方案好像很开心。你自己觉得怎么做才能学好英语呢？”

他说：“我一直认为英语老师拖堂是无解的，却不知道原来方法可以这么简单。我自己的英语不好，主要是我懒得背单词，不爱读课文，语法也听不懂……如果先从背单词、读熟课文开始，或许会提分比较多。因为很多单词我记不住，所以考试时就都不会。”

我很惊喜，他能在这么短的时间内找到解决方案。同时，他也借由这个追问对话发现，“我以为的并不一定都是对的”。任何事情的发生都是可以探寻到最简单、最适合的解决方案的。重要的是，我们是不是愿意让自己去深度思考，还是就停在“我们自己的‘以为’里”。

“试一试”——带孩子在尝试中体验人生

早些年曾经看过一个泰国的小视频：妈妈在菜市场卖菜，旁边玩耍的女儿发现别人家商铺里的豆芽卖得很好，就问妈妈为什么。妈妈说因为菜市场只有这一家卖豆芽的。女儿问妈妈：“我们能不能种豆芽来卖？”妈妈说：“我们试试。”母女俩准备了发豆芽的工具、肥料、种子，开始尝试发豆芽，结果第一次试发失败了。看着女儿失望的眼神，妈妈说：“没关系，我们再试试。”他们吸取了第一次的经验，又重新试发豆芽，结果第二次依然失败了。然后，妈妈带着女儿开始查阅资料，书上说发豆芽要早晚浇水，看到这里妈妈又有了信心，她告诉女儿：“没关系，我们再试试。”妈妈带着女儿捡了很多矿泉水瓶子，她们做了一个可以自动给豆芽浇水的工具，然后继续试发豆芽。女儿很好奇，问妈妈：“我们能成功吗？”妈妈依然信心满满地说“我们试试”。第三次，她们成功种出了白白嫩嫩的豆芽。“我们试试”这句话就像一剂良药滋养着孩子的好奇心，让孩子的求知之树成长得无比繁茂。“我们试试”成为孩子心中非常有力量的一句话。后来这个孩子一直读到了博士，在很多项目上做出了令人赞赏的成绩。

“试一试”可以让孩子看到无限可能性、很多希望和期待

这让我记起二宝骑自行车的事情。

二宝 3 岁多时，朋友送了她一辆自行车，她很开心地问我：“妈妈，我什么时候可以学会骑自行车？”我说：“应该很快就会吧。”

她说：“我现在就想学。”我说“可以的，那我们试一试。”

结果让我很惊讶，二宝自己骑上自行车，最初我帮她扶着。后来，她找到感觉，自己就骑走了，我已经追不上她了。于是，她直接学会了骑自行车。

后来滑轮滑、打羽毛球、滑滑板等很多运动，她都会说，我要试一试。而且，她很快就能够掌握运动要领。

“试一试”，很简单的三个字，事实上，可以给孩子带来很多可能性、很多尝试与探索，也给了孩子很多希望。现在二宝已经上小学了，刚开始学习文化知识，她也有学起来很困难的学科。面对老师留的作业，有时她会不想做，我依然会说：“来，我们试一试。或许想起来很难，做起来就没有那么难了。”

“试一试”让孩子感受到成功和收获

果果上小学时，老师在班级里征集六一儿童节的表演节目，她突发奇想地问我：“妈妈，我能不能和同学们表演一个儿童话剧呢？”

我说：“可以啊，你可以试一试。”

她说：“我还不知道演什么呢。”

我问她：“你想借助这个话剧给班里的同学们传递什么信息？”

她说："我想让大家彼此之间不叫外号、绰号，同学之间要互相尊重。"

我说："哦，很好啊！你们班上都有谁爱叫人绰号呢？"

一路上，我们就这样，我问她讲。后来，我们又把班里的故事换成了小动物，一小时的路程，我们聊出了一个基于现实版本的儿童话剧。第二天，她就带着自己创作的剧本找到了愿意演出的小伙伴，经过排练，六一儿童节当天，她们自编自演的话剧被校长邀请在全校各班级内巡演了一轮。到现在提起这件事，果果的言语里都流露着自豪和喜悦。

这也是她从成长经历中拿到的一份重要的礼物。无论什么事情，只要用心做，就可以体验到成功与收获，这份成功与收获可以让人更加自信。

"试一试"是孩子自我超越的途径之一

李晓高考失利，她的高考目标是考上某著名大学，结果各种因素导致她的成绩未上线，最终去了京内一所大学就读。面对陌生的专业和与目标校失之交臂的深深遗憾，李晓的情绪一直处在低落状态，同时非常坚定要求大一之后换专业。爸爸鼓励她："你先试一试，或许你想要的在这里也可以实现。"

大一第一学期结束，带着对高考失利的遗憾之痛和为换专业而努力学习的动力，李晓获得了全年级第一名的好成绩！学院院长亲自奖励李晓同学 1.5 万元奖学金，并鼓励她继续努力，李晓欣喜之余发现自己竟然爱上了这个曾经想换掉的专业。 于是，在"试一试"后，李晓反倒找到了自己更喜欢的专业，并学得津津有味，最后大四时被顺利保研到另一所更优秀的大学。而今，李晓已经顺利考上了博士，目前在读。

经由这次时间跨度较大的“试一试”，李晓不仅放下了高考失利带来的遗憾，还从尝试中重新取得了成功，找回了自信，并持续体验了自我超越的快乐。

每一次尝试，都像推开一扇未知的门，门后可能是一个全新的世界，可能是一个全新的自我，也可能是一个全新的机会。每一次尝试，都是一次探索、一次成长。尝试就像一次魔法之旅。

在尝试的过程中，孩子可能会发现一些之前从未注意到的潜力。也许他会发现自己更有耐心，也许他会发现自己更有创造力，也许他会发现自己更善于与人沟通……这些都是孩子的魔法力量、是与众不同的闪光点。每一次尝试，都是一次发现，都是一次自我认知的过程。

尝试也是一次寻找的过程。经过尝试，孩子可能会发现一些自己真正热爱的事物，可能会找到一些兴趣爱好，可能会发现一些梦想和目标，这些都是孩子内在自我成长的指南针，有助于引导他们在人生的旅途中不断前行。每一次尝试，都是一次寻找，都是一次追寻自我的过程。

每一次尝试或许都是一次新的机会，也是一次新的挑战、冒险，无论结果如何，只要孩子敢于尝试，就一定会有收获。“尝试不一定成功，但不尝试注定失败。”

“还有什么好办法？”——带孩子找到更多的策略

“字节跳动”公司创始人张一鸣曾说：认知是一个人最大的竞争力，你对事情的理解就是你在这件事情上的竞争力。从理论上说，其他的生产要素都可以构建，你对这件事情认知越深刻，你越有竞争力。

在神经语言程序学（NLP）的十二条前提假设中，有这样一条：凡事必有至少三个解决方法。

这句话怎么解读呢？从字面意思看，一件事情的发生，一定有至少三个解决方法。当我们找到三个以上的解决方法，就会有更多的选择。

“还有什么好办法？”鼓励孩子实践自己找到的方法

二宝小的时候，经常会把牛奶洒在地板上。最初她会喊我：“妈妈，牛奶洒了。”她后面没说出来的话是：“妈妈，怎么办？”我就走过来，把她没说出来的这句话说出来，像踢足球一样踢给她。我问她：“牛奶洒了，我们可以怎么办？”

她看着地板上的牛奶说："用纸巾把牛奶都吸掉。"

我说："是的，这个办法很好！还有什么好办法？"

她想了想，继续说："用妈妈擦地板的毛巾把牛奶拖干净。"

我说："是的，这个办法也很好！还有什么好办法？"

她继续说："还可以用拖布把地板拖干净。"

我说："是的，二宝想到了三个解决问题的好办法！如果是你来清理洒在地上的牛奶，你会用哪个方法呢？"

她说："我要用纸巾擦。"

我说："好的，这个任务就交给你了。"

她用了将近半包抽纸擦干了地上的牛奶。然后，看着垃圾桶里全是湿的纸巾，自己唠叨着，原来擦牛奶要用这么多纸巾。

我接着她的话说："是的，擦地板上的牛奶确实需要很多纸巾。"

她继续说："我下次可以试试用妈妈擦地板的毛巾。"

我说："这或许是一个不错的建议，有机会我们可以尝试一下！"

当孩子尝试自己找到解决问题的方法时，家长应该给予积极的反馈和鼓励，让他们感到自己的努力得到了认可和赞赏。

"还有什么好办法？"让孩子在分析中学会选择正确的方法

果果上初中时，物理学习有点吃力。某次考试回来后，说到自己的物理学习，她伤心地哭起来。我问她："有没有什么好办法可以让物理学起来轻松一点？"

她摇摇头说："没有。"

我继续问："是真的没有，还是你暂时没有想到？"

她说："是自己想不出来。"

我继续问："你觉得怎样才能找到学好物理的方法呢？比如，问谁？去哪里找？"

她擦干眼泪，说："我不想问同学，也不想问老师。不过我可以去网上搜一搜。"

我说："好啊！我们一起搜搜看。"

她把搜到的方法都记录下来。我继续问："这么多方法，你觉得哪个更适合你？"

她说："我觉得刷题最适合我。"

我继续问："除了刷题，还有什么好办法？"

她说："事实上，整理错题也可以。"

我继续问："除了整理错题，还有什么好办法？"

她说："可以去找老师答疑。"

我说："是的，看起来学好物理还是有很多办法的。你觉得哪个办法更适合你呢？"

她摇摇头说："不确定，需要试试才知道。"我鼓励她从时间、效率、难易度来重新思考这个问题，以找到最好的办法。她根据自己的情况，从这些视角分析了一下，最后，她选择了"整理错题＋答疑"的方式。后来，她的物理成绩迅速提升了 30 多分。

"还有什么好办法？"一句简单的问话，能够让孩子不停地思考，一旦找到三个以上的解决方法，孩子内心的紧张、慌张感受瞬间就消散了很多，因为他知道至少有三个办法可以解决问题。

长此以往，在反复践行"还有什么好办法"的激发中，孩子就不怕"事儿"啦！同时孩子应对问题的能力也会提升。灵活地面对问题，找到最有效的策略会成为孩子成长中的一种重要能力。

带孩子持续思考人生

孩子具有独立的思考能力，并依靠这一能力支持他一生的选择与发展，是父母共同的心愿。那么，如何培养孩子的思考能力呢？

不恰当的养育模式阻拦孩子思考能力的发展

小来访者毛毛（化名）上四年级，平时状态都很好，只要遇到问题或困难，毛毛就会向父母求助，找各种理由、借口，或退缩，或逃避，不愿面对。父母面对孩子的求助总是有求必应。同时，毛毛的状态也困扰着父母，他们不知道该如何引导孩子培养独立思考能力。

问题和困难就像一把锁，而思考能力就是打开这把锁的钥匙。在人们的认知里，有的问题之锁有三把以上不同的钥匙，有的问题之锁只有一把钥匙，甚至有的问题之锁没有钥匙。

为什么会这样呢？

孩子的能力都是在日常的生活琐碎中磨炼成的，思考能力也不例外。重要的是养育者是否允许他思考，是否给孩子留出时间思考。同时，在孩子思考不够完善的时候，是否会引导他进行深度思考。

因此，养育者的养育模式，决定了孩子的思考能力的发展。

把问题的皮球踢回去，用追问激发思考

在咨询中毛毛表示，自己遇到难题就会向爸爸求助。我说：“我感受到你很信任爸爸，你希望爸爸能够帮助你，和你一起解决问题。”他肯定地点点头。我又问：“除了问爸爸，还有没有其他解决问题的办法？”他想了想，说：“打电话问同学！”我继续肯定他：“看来你知道有同学可以支持你。除了问同学，还有什么办法可以帮你解决问题？”他说：“自己去网上搜索解决办法。”我说：“都很好，如果当下你可以做选择，你倾向于哪个方案呢？”他说：“我可以先试试自己搜索。”

在谈到语文学科的学习困扰时，我依然这样问他：“你觉得自己怎么做可以让语文学得好一些？”他想了想说：“背诵基础知识、背诵文言文和古诗。”我继续问：“我猜你认为你的成绩不够理想和语文学习中最基础的理解背诵做得不到位有关系。那么，还可以做些什么？”他说：“多读书，提升理解能力和写作能力。”我继续问：“是的，‘听说读写’是语文学科的四大核心能力，读和写是对输入、输出知识的检验方式之一。你觉得还可以做些什么？”他说：“我卷面上阅读理解丢分也比较多，原因是我不认真读题、嫌麻烦，每次都是根据问题去文章中找答案，所以经常写错答案。我觉得我得多做各种类型的阅读理解题，同时，要认真读题后再作答。”听他说完这些，我不得不再次相信，每个孩子都是自己的问题解决大师！

其实，无论他选择哪个方案都可以，重要的是这几个解决方案都是他自己想出来的。这个追问的过程，就是锻炼孩子遇到问题逐渐找到自

己的解决方案的过程。

允许、相信，让孩子成为解决问题的思考者

在果果上小学二年级的时候，我和大学舍友们相约带着孩子一起去漂流。漂流的河道不宽，但是水流很急，向下游冲击着，又快又猛，这让我们乘坐的气垫船在河道里颠簸不稳、左右摇摆，影响前进的速度。

我们的船很快被舍友们的船一一超越了，我们落在了最后面。船划起来又慢又吃力，还不时原地转圈……看着远去的伙伴们的船只，女儿不但没有着急，还想出了三个解决方案：分开划、一起划、船桨同向划。在分别做过尝试之后，我们发现船桨同向划船的速度最快。这一过程都是女儿思考和提议的，我们顺利地找到了让船快速前进又省劲儿的方法。经过 3 个多小时的漂流，一路验证，最后我们成功突围，跃居此次漂流活动的第一名。

在这件事情中，我把思考的权利完全交给孩子，并经过一一尝试与调整，最终找到了最佳的解决方案，孩子也从中得到了更多的收获和价值感。

孩子在生活、学习中遇到的问题越多，他自己寻找解决方案的机会就越多，他的独立思考能力就会在践行中逐渐强大。尊重并支持孩子独立思考、探寻解决方案，“每个问题的发生都有三种以上的解决方案”，这样的思考力会逐渐成为他成长过程中的一种重要能力。

想要达成这样的养育结果难在过程，我们应减少自己的各种控制、否定、指责、评判、抱怨、惩罚等，只有允许、相信、支持才是孩子思考能力发展的最佳环境。

引导孩子思考成为一个什么样的人

“我想成为一个什么样的人？”对于这个问题，你有自己明确的答案吗?

事实上，很多成年人终其一生，都在寻找和探索这个问题的答案。

在我的咨询室里，困在这个问题里无法找到答案和方向的青少年越来越多。

“不是我不想学，而是我不知道为什么学”

“不是我不想学，而是我不知道为什么学”，在咨询室里，很多厌学的孩子都会这样回答我关于学习的问题。

2021 年，我们机构对北京某区的高中生做过一个关于与学习相关的调研，调研数据显示：高中阶段，在学习上有自己的学习方法的孩子仅占 36.79%；同时，35.06% 的孩子有求知欲，能主动学习；有 30% 的孩子在遇到不喜欢的授课老师时，能做到多接触、了解老师，转变看法，听课、做作业不受影响。从孩子的学习习惯看，73.14% 的孩子能够认真听课，做好笔记；68.79% 的孩子能够保质保量完成作业……但只有 16.67% 的孩子在写作业时不做其他事，专心做作业。同时，经常阅读课外书的孩子占比也只有 27.48%。

整体数据偏低不禁让我们质疑，这些上高中的孩子到底怎么了，在学业的激烈竞争中为何如此无力？大家看看这一数据，或许就豁然开朗了。调研数据显示，仅有 19.81% 的孩子对当下及未来的学习、生活、职业有明确的规划。也就是说，在校园中，有 80.19% 的孩子对当下及未来的学习、生活、职业有过思考，但还没有具体规划，或还不太清晰，或只有短期规划，或没想过这类问题，或完全没有目标。

没有目标，没有规划，就如同孩子已经走上跑道，比赛的枪声已经打响，而孩子还不知道自己是跑 100 米，还是跑 3000 米，抑或跑半程马拉松，从而也就不知道用什么样的速度奔跑，在跑的过程中如何用力……

孩子在进入小学高年级或进入初中阶段后，就应该逐渐开始思考这个问题了。这个问题有多重要呢？

一旦孩子在 10 岁以后清晰地知道了自己想要成为什么样的人，他会很认真地对待自己的学业，因为当他清晰地知道了这个答案，他就知道了自己要奔跑的目标到底是多少米。

如果孩子 10 岁以后 18 岁之前都不清楚自己想要成为一个什么样的人，那么他每天都会生活在浑浑噩噩之中，不知道时间为何物，不知道自己每天做的这些事情到底是为了什么，不知道自己上学的意义在哪里，甚至很多孩子会由此思考活着的意义是什么。

这种青春期的迷茫，有的孩子会持续到大学阶段。据有关调查显示，中国有 65% 的大学生对自己的专业选择不满意，许多大学生想转专业，有的学生毕业了不喜欢相应的工作，严重影响了学生生涯的发展。

“我想成为一个什么样的人？”答案需要父母持续帮助孩子构建

很多小孩子在幼儿园阶段，就会对将来做什么而心生向往。小男孩会说，我要成为警察，我要成为消防员，我要成为奥特曼……小女孩会说，我要成为医生，我要成为幼儿园老师，我要成为律师……无论想成为谁，这都是孩子心目中的梦想之一。

孩子们的梦想会随着他们的逐渐长大而发生变化。

果果在幼儿园阶段曾坚定地想要成为一名面包师，她觉得面包房里的叔叔阿姨们制作的生日蛋糕就是世界上最美的艺术品。后来她很崇拜自己幼儿园的郑老师，持续到小学三年级都渴望成为一名像郑老师这样的老师。在读小学三年级期间，她读了一本国外翻译过来的杂志，读完后她说：“妈妈，这本书翻译得不好，太绕了，有些句子我要看好几遍才能看懂。”然后，她突发奇想地问我：“妈妈，你觉得我能成为一名翻译吗？”我笑着告诉她：“你的人生刚刚开始，有着无限的可能性，只要你想，你就可以让自己成为所想的！”

就此，她在心里种下了“翻译”这颗梦想的种子。也由此，她对英语越发地热爱。后来她专门拿出周末时间，和一位老师学习英语。坚持学习了四年，直到小学毕业，这四年她学完了全部新概念英语。最终，中考时她的英语取得了满分，高考时她的英语成绩是 145 分，她选择了能够助力她实现翻译梦想的北京外国语大学。

董宇辉在“第十五届新东方家庭教育论坛”上围绕主题“家庭永远是孩子最坚强的后盾”中讲过他小时候的故事。他说，他很庆幸的就是他爸爸不是一个特别冷静的人，小时候不管他吹了什么牛，爸爸都说“我觉得你可以”。董宇辉小时候的梦想是成为英雄，爸爸会坚定地告诉他：“嗯，我觉得你可以。”当爸爸这样回应他时，小时候的董宇辉就觉得自己无所不能。董宇辉为什么对自己非常自信？其实他主要是受他爸爸的影响，他说啥爸爸都信，而且说啥爸爸都鼓励他。直到今天，董宇辉都很感谢爸爸这样对待他。

对孩子梦想最好的建构就是父母的允许、鼓励、支持。哪怕总是失败，也不可怕，重要的是不放弃自己，一直在信心满满的追寻中。

每个孩子内心深处都藏有一个自己想成为的样子

古希腊哲学家苏格拉底说：“教育不是灌输，而是点燃孩子梦想的火焰。”

其实每个孩子对自己都有期待的样子，都可以长成自己喜爱的模样，而作为老师和家长大可不必太着急，我们能做的是帮助他们成为他们最想成为的样子。

在《最强大脑》中有个令人印象很深的杭州中学生杨英豪，记者采访他，问他长大后最想成为什么样子。他告诉记者，未来想像马云一样创办一家优秀的 IT 公司。

我有一位刚升入大二的来访者，他心心念念要回到高三复读，我问为什么。他说：因为我想成为一个优秀的会计师。而他因为高考失利，与他的会计师专业失之交臂。即使这样，他依然没有放弃成为一名会计师的梦想。

还有一个刚刚高考结束考入大专的孩子，他的梦想是做一名律师。目前他所学的专业并不是他的梦想专业，在咨询过程中他不停问我：如何跳出现实，回到追寻梦想的轨道?

如果家长看孩子时能够多一个视角、多一个维度、多一种允许，或许就会发现每个孩子都不一样，每个孩子都有自己的独特之处，每个孩子都有属于自己的美丽。是的，每个孩子都可以像一颗种子那样，成长为自己的模样，而不是成长为父母希望的模样。

重要的是，身为孩子的父母、养育者，你能允许吗?你能理解吗?你能支持吗?

唯有点燃孩子梦想的火焰，他才能够真正为自己绽放!

引导孩子思考怎么做才能成为想成为的人

继“我要成为什么样的人”之后，孩子再次深度思考的就是“我怎么做才能成为这样的人”。

对“我怎么做”进行思考，就是很多家长期待的孩子被激活的内动力。这份内动力的源头就是“我要为自己做”！“为自己做”的动力是任何外力都无法替代的，也是孩子发展过程中最强大的动力源。

一旦孩子的动力源被激活，接下来就是家长们最期待的孩子在行为上的变化。例如，有的孩子会给自己做规划，有的孩子会为自己买学科提升习题册，有的孩子会在网站上找适合自己的录播课……总之，各种选择都是为了更好地支持自己，都是为了找到一条路径，一条可以通向自我梦想的路径。

“我怎么做”是孩子反复进行的探索与尝试

找到了自己的方向之后，很多孩子对于“我怎么做”甚是迷茫或困惑。对此，许多孩子会根据自己的理解，去探索尝试寻找有效方法。

一位初中的青少年来访者，他很坚定地想去一所心仪的高中，但是他目前的成绩还略有难度。我们一起探索超越路径时，孩子说，我知道对我来说最简单、最有效的方法就是刷题，一边刷一边总结错题。我鼓励他说："好啊，或许你想到的是最适合你的方法。"然后孩子在自己不太擅长的物理学科、数学学科上都采用了这套方法，坚持快两个月，他的月考总成绩达到了目标校的分数线，这让他很有成就感。同时，他又想让自己的成绩再高一些，但是当下的方法好像很难实现他的期待，于是他又找到了新的方法——去办公室找任课老师答疑。每天他都带着几个问题去老师办公室答疑，一个多月下来，他的成绩又有了提升。

我们会发现，一旦孩子激活了为自己而努力的动力，他们就会在行动上煞费苦心。

还有一个高三的孩子，他高中前两年都是玩过来的，上高三后他看到大家都在奋战高考时，才发现自己不会的太多。同时，他发现自己不知道为什么而学习，为什么要学好考好，要去考什么大学什么专业，这些问题自己都没有认真思考过，想到这里，他一下子就焦虑了。

在咨询室，我们花了很长时间反复探索他的兴趣爱好，反复寻找他的优势能力，直到他在一次咨询中很认真地告诉我，其实，他最想做的是成为一名消防员——永远冲在危险最前线的人。

当他带着这一梦想再回到学习中，整个人的学习状态完全不一样了：上课不睡觉，认真完成作业，有问题去问老师，上学不迟到……妈妈开玩笑说，家里好像换了一个儿子。

是的，一旦孩子知道了自己渴望成为什么样的人，他就自动自发进入了为自己努力的状态。

“我怎么做”是孩子自我验证“我可以”的过程

果果一度想参加学校的校园歌手大赛，为了参赛，她找了专业的声乐老师学习声乐，还买了一把吉他，自己学习弹唱。从有了想法到最后如愿，她只用了三个多月的时间。这期间，每到周末，她从早上起来就抱着吉他，跟着手机里的老师识谱学习弹奏，然后一边弹一边唱……最后在学校的新年晚会上，她成功突围，班级同学们为她的弹唱欢呼雀跃，对她更是刮目相看。

这件事情过去很久，她想起来时依然会感慨：“原来，只要是我想做的，只要我努力去做，我就可以做到！”

是的，帮助孩子自我验证“我可以”非常重要。

一个四年级的厌学的小女孩来做咨询。在咨询过程中，我问她最不喜欢的学科时，她说上英语课就像听天书。我问她：“你是想放弃英语，还是想学好英语？”她想了想，说：“想学好。”我问她：“你觉得如果要提升英语成绩，你需要做些什么？”她想都没想就说：“积累单词。”后来她和我约定了非常简单的积累单词的方法和积累数量。第二周，她再来咨询时很开心地告诉我，原来学习英语也没有那么难。

我问她：“你是怎么有了这样的感受的？”她说只是每天开始记 10 个单词，结果发现英语课竟然有很多能听懂了。我告诉她：“是的，你可以的！”

后来，她每次来咨询都会给我带来关于英语学习的好消息及新方法、新进展。

自我验证“我可以”是孩子成长过程中的重要经历，也是需要反复积累的经历。自我验证的经历越多，孩子的自我效能感就会越高。

“我怎么做”是孩子超越自我的过程

所有的孩子都要面临如何爬过学习这座山，这是一个痛苦远远多于快乐的过程。

当我们面对痛苦，选择义无反顾的坚持；当我们遇到困难、障碍，凭借百折不挠坚持到最后……这些都是自我超越。

超越首先要打破自我的限制性信念。一个初中的女孩来做咨询，她很坚定地告诉我，她从来就不是好孩子。我问她“好孩子”的标准是谁说的。她说大家都这么说。我又问：“既然大家都这么说，那么你最在意谁说的？”她说最在意妈妈说的。我问她：“你认同妈妈心里的好孩子的标准吗？”她一边默默流泪，一边点头。

“我不是好孩子”就是这个女孩心里的限制性信念。如果我们不能带着她看到她自己的好，她会一生深陷其中、无法自拔。带着孩子做了信念翻转之后，这个女孩重新建立了“我就是最好的孩子”的信念。当信念发生变化，孩子的整个状态也发生了变化，她在这一过程中获得了更强的力量、更高的智慧、更深刻的认知、更完善的性格。这是每个孩子都需要的一种自我信念上的超越。超越的本质就是打破一种规则、一种局限、一种固有的东西。

成长是一个过程，而超越不仅是一个过程，更是一个结果。超越能让我们经由过程拿到结果，从而获得自我认同和对自我期待的满足。

坚持践行超越自我的价值在于发现自己的无限可能性。

一个高中的青少年来访。他说，在他放弃学业半年的时间里，忽然发现自己竟然超级喜欢版画，这是他之前不曾发现的。后来为了考上艺术院校，他主动选择回学校上课，因为他发现了自己的热爱。高考之后，他如愿考取了心仪的艺术院校。

前段时期流行的“斜杠青年”，代表的就是一种超越。作为一个人，你不仅仅是老师、医生、雕塑家、书法家，你可以既是老师又是医生，既是雕塑家又是书法家。发现自己的无限可能性，才能勇于突破当前的标签，拓展更多领域。

第五章

顺势而为才能助力孩子奔跑

收放有度，顺势而为

对孩子来说，最大的束缚，不是父母的控制，不是责骂，不是要求，而是让他成为你想要的样子！

我经常会带着孩子去潮白河边看别人放风筝。在欣赏风筝飞的过程中，我有了新发现：同样是放风筝，有的人怎么都不会放，有的人却无师自通。

会放风筝的人一般会在原地站立不动，然后迎着风放出一段不太长的线，先把风筝拉起来，这时风筝会在天空中不太高的位置短暂飘动。然后放风筝的人松开线轮锁扣，让线随着风力自由松动，任凭风带着风筝向上飞，一旦感受到风力不够了，放风筝的人就停止放线，或者向下扯一下、收点线，让风筝能够迎着风再飞高一点。感觉到风的力度又增加了之后，再继续放线。如此反复，没几分钟，风筝就飞得又高又稳。

整个放飞的过程，放风筝的人不紧不慢、怡然自得、毫不费力。

风筝能自由地在天空翱翔，凭借的是放风筝的人对风力的感受，能够自如地随风收放线。尤其风筝起飞的那一下，依靠的是敢于放线，把风筝交给风而不是用线去控制它。

每个孩子都像一只风筝，他能不能飞起来，他能飞多高、飞多远、飞多稳，就要看父母是不是懂得“收放有度，顺风而为”的道理：孩子懵懂无知的时候，扯着线风筝才能从地上飘起来，每当孩子成长一点，家长就要放开一点手中的线，让孩子顺势发挥，让风带着风筝走。每当孩子遇到新的成长关卡，再适当地收紧手中的线，维持飞行的状态，耐心等待成长的风再次到来。不回避也不强求，一切都是顺势而为。

所谓教育，没有成败，只有适合与不适合。过松的散养式或过紧的“虎爸式”都可能事与愿违。适度，才是孩子成长最渴望的需要。

束缚了孩子的行为，也就束缚了他的主见

在进校咨询中，我曾经遇到一个三年级的小男孩，名叫小磊。在课堂上，他几乎从不举手回答问题，即使老师邀请他分享，小磊站起来也说不出自己的想法或答案。课间，我发现无论同学们怎么对待他，他都没有反应。甚至有的同学会恶意碰撞他，他也不说话。观察到小磊这种看起来“无欲无求”的状态后，我约了他和他的爸爸妈妈来做家庭咨询。

在初始访谈中，我发现妈妈对小磊的管控严格到近乎苛刻，每天回家不许先玩一会儿、不许浪费时间、不许做没用的事情、不许书桌乱、不许有 3 道以上的错题……必须先做作业，做完学校作业，妈妈会和他一起复习、预习、通读课文等，有时还有妈妈自己提前准备的作业。小磊每天回家后的学习时间都在 3 小时以上，即使学习结束了，也只能玩半小时，然后就要洗漱睡觉。

长此以往，小磊对生活中的很多事情都失去了兴趣，也不再探索自己喜欢做的事情。我问他任何问题，他都说没想过、不知道、不想

去想……

小磊妈妈的各种要求就像一把巨大的枷锁，锁住了小磊的行为。同时，也锁住了小磊的主见。那些“为什么”“怎么了”“然后呢”等好奇心都被困在了“不可以”的牢笼里。

在咨询室里，我经常会遇到像小磊这样的孩子。表面看是孩子的行为出了问题，实际上是养育者的养育方式锁住了孩子对这个世界的主见。

让孩子在承受后果中懂得规则的真正含义

幼儿期是规则意识培养的关键期。自此，孩子会随着年龄的增长进入到一种一边践行规则、一边挑战规则的状态。

因此，从幼儿园开始，老师们就强调了各种规则和违反规则的后果。如何帮助孩子们理解这些规则呢?

在我的两个女儿小时候，有一次，我带她们去看儿童话剧，离话剧开始的时间越来越近，可孩子们还没有穿好衣服。我站在门口，告诉她们，如果我们再耽误时间，有可能在话剧开演前我们就进不了剧场了，只能等到中场休息才可以再进去。两个孩子依旧慢吞吞地穿衣服，准备要带的东西……我依然在门口耐心等待，最后等我们到了剧场，话剧已经开演 20 分钟了，剧院的引导员告诉我们，要等到中场休息才能再进场。于是，我带着两个孩子在门外一直站到中场休息才进入剧场。之后，我也没有因此批评她们。不过，自此之后，她们的时间观念明显增强了，看电影、约会、做事情，都会提前到达。“准时”逐渐成为孩子们的优质行为之一。

朋友家孩子 7 岁时在博物馆里兴奋得不停大声喧哗，最后被工作人员直接带离场馆。看到其他伙伴都留在场馆里参观，而他被带出来，他的兴奋劲儿一下就没有了。他不知如何是好，自己在外面“反思”了半个多小时后，主动找工作人员申请再次进入场馆参观。工作人员邀请他认真地读了一遍场馆规则，他才得以重返场馆，和伙伴一起参观。直至今日，孩子已经 13 岁了，他对遵守公共规则非常认真。

随着孩子年龄的增长，我会逐渐告诉自己，最终，我们对待生活的方式，就是我们对待自己的方式。

在实践中用规则支持孩子

“无规矩不成方圆，有敬畏才知行止。”孩子天生具有探索未知、尝试新事物的欲望。他们渴望自由地表达自己，渴望在成长过程中找到自己的价值和意义。规则是支持孩子更好地成长、发展的“隔离带”，而不是被死死地束缚在对教育固有认知的限制性框架里。

对孩子来说，成长的过程就是不停地去尝试、去犯错、去调整、去修正、再次尝试……这样一个反复循环的过程。孩子在这个过程中感受困难、在困难中想办法、挑战困难、突破困难、最后在困难中超越自我。如果孩子在这个过程中能够得到来自父母的鼓励和支持，在规则中进行各种尝试，孩子还能学会独立思考、独立解决问题，从而变得更加自信和坚强。

父母或养育者放开束缚并不意味着对孩子放任自流。在孩子尝试新事物时，在尊重孩子的兴趣和爱好的基础上，家长可以给予必要的指导和建议，帮助他们更好地理解世界和自我，鼓励他们追求自己的梦想。

教育不仅是传授知识，更是培养孩子的独立思考能力、创新精神和人际交往能力。家长们需要认识到这一点，并积极调整自己的教育方式，学习如何与孩子沟通交流，建立良好的亲子关系。只有在亲密无间的亲子关系中，孩子才能感受到家庭的温暖和支持，从而更加自信地面对生活中的各种挑战。

家长放开束缚，孩子才能做最真实的自己。

尊重生命本该有的成长规律

春生夏长，秋收冬藏，四季更替，生命循环。在庞大而神秘的大自然系统中，万事万物都有自己的规律，唯有顺应，才能和谐共生。

破坏规律，也破坏了孩子的身心健康

一个高中二年级的孩子从小学开始，所有的课余时间都被妈妈规划安排了课外班学习，这样的状态一直持续到初中二年级时孩子被诊断为重度抑郁症。在持续两年不能正常上学、不能面对学习后，妈妈带着孩子来做咨询。妈妈说，她帮孩子做的都是能够让他更优秀的选择，但这个孩子太懒，他不想付出、不能吃苦，也不领情，然后就找借口、找理由不上学……此时，坐在咨询室里的孩子一副无精打采的样子。

毕淑敏曾说过："生命有裂缝，阳光才照得进来。"孩子的生命出现任何状态，都是为了能够让更多的阳光照进来。

这让我想起了一个关于蝴蝶破茧的故事：

一天，一只茧上裂开了一个小口，有一个人正好看见了，他一直观察，蝴蝶艰难地将身体从那个小口中一点点地往外挣扎，几个小时过去了，蝴蝶似乎没有什么进展，看样子它好像已经竭尽全力，不能再前进一步了……

这个人实在看得心疼，决定帮助蝴蝶：他拿来一把剪刀，小心翼翼地将茧破开，蝴蝶很容易地挣脱了出来，但是它的身体很萎缩、很小，翅膀紧紧地贴着身体……他接着观察，期待某一时刻蝴蝶的翅膀会打开并伸展起来，成为一只翩翩起舞的蝴蝶……然而，这一精彩时刻始终没有出现。

这只蝴蝶余下的时间都极其可怜地带着萎缩的身子和瘪塌的翅膀在爬行，它永远没能飞起来……这个好心人并不知道，原来蝴蝶从茧上的小口挣扎而出，是要通过这一挤压过程，将体液从身体一直挤压到翅膀，这样它才能在破茧而出后展翅飞翔。

如果我们的孩子也是一只破茧待出的蝴蝶，我们是否允许孩子用自己的方式去面对学业？我们是否允许孩子经历各种属于他自己的经历，磨炼翅膀飞翔的能力？我们是否允许他磨炼的时间或许会长一些、再长一些？

当我们不允许时，当我们为孩子规避了各种苦难险阻时，当我们为孩子提前铺好了阳关大道时，当我们把孩子呵护到手无缚鸡之力时……孩子本该有的能力、品质、智慧都会被制约、被限制、被干扰、被破坏……

顺其自然，才是真正的尊重

作家梁晓声写过一篇文章叫《种子的力量》。其中，他描述了“蒲公英的种子居然能乘‘伞’飞行；某些植物的种子带刺，是为了免得被鸟儿吃光，使种类的延续受到影响；而某类披绒的种子，又是为了容易随风飘到更远处，占据新的‘领地’……不同的种子有着各自的许多奇妙特点。”

我出生在农村，经常会在不同的环境下领略种子顽强的生命力。在柏油马路中间、在墙头上、在悬崖边、在峭壁上……各种各样的种子凭借顽强的生命力找到适合自己的一席之地，然后，顽强地生长、生长……无论条件多么恶劣，到了秋季，它们努力和别的种子一样，完成由一粒种子变成一棵植物进而结出更多种子的“使命”。

每一颗种子都很有力量，它们可以顶起地砖、撑破木箱、鼓裂一口缸！

梁晓声说：当年兵团大面积耕种的经验是——种子入土，三天内须用拖拉机拉着石碾碾一遍，叫“镇压”。经过“镇压”的麦种长势更旺。

有一年，我随手在我家小院的墙角窗户下放了几颗花种，想着得空种上。等再想起来时已经找不到它们了。

突然有一天，我看到墙角钻出几株嫩绿的小芽，竟然是那几颗找不到的花种子不知怎么掉在地上生根发芽了。后期，墙角的这几株花开放得郁郁葱葱。

从这个故事我们可以看出，当你顺应生命自然，生命自然能找到它的蓬勃之路，回馈给你属于它自己的精彩。

孩子的成长过程如同一颗种子自我扎根、发芽、长叶、开花、结果的过程，他们需要的是家长能够尊重一个生命本该有的成长规律，而不是根据父母或养育者的期待预设出各种各样的路线，让他去刻意成为某种人。给一个孩子最大的尊重就是允许他成为他自己想成为的样子。这一成长的过程就是学会面对、处理生活中的大事小情的过程。父母要学会放下自己的执念与不安，给予孩子允许与支持，才能在孩子的绽放中收获最大的惊喜。

用多元化思维看待孩子的成长

跳出“盲人”视角

盲人摸象的故事，不知大家还记得吗?

有几个盲人想知道大象究竟是什么样子的，于是亲自摸大象，他们分别摸到了大象身体的不同部位。摸到大象腿的盲人说：“大象就像一根大柱子！”摸到大象鼻子的盲人忙说：“不对，大象又粗又长，就像一条巨大的蟒蛇。”摸到大象耳朵的盲人急忙打断说：“你们说的都不对，大象又光又滑，就像一把扇子。”摸到大象身体的盲人说：“大象明明又厚又大，就像一堵墙嘛。”最后，抓到大象尾巴的盲人慢条斯理地说：“你们都错了！依我看，大象又细又长，活像一根绳子。”盲人们谁也不服谁，都认为自己没错，就这样吵个没完。

看完这个故事，我们觉得盲人的争论很可笑。事实上，我们在面对这个世界的时候，经常像盲人摸象一样。我们自以为看到的、摸到的就是世界真相。“盲人摸象”常用来比喻看问题以偏概全，这也是我们对待真相的方式——看到了事情的一面，就执着地认为这就是全部真相。

每个人摸到的大象都是真实的，同时又不是全部的真相，这就是我们常说的认知的局限性和阶段性。

对于成年人来说，觉察到自己的认知模式、认知局限性，才能赋予“盲人摸象”新的意义。

接受当下的认知局限，同时又不止步于当下，才能启动对事物的全部本质的探索模式。既可以依据以往的知识、学识、认知来分析、判断我们的所见所闻，又可以不做评论，客观地把我们看见的告诉大家，彼此交换所见所闻，从而扩大我们的视野和角度，深入了解这个世界的真相。

心智是拉开人和人之间距离的核心

我们身边的很多人，遇到事情就像看到一颗钉子，而他头脑里解决问题的思维模式只有一把锤子，一定要想办法把这颗钉子用力砸进去。用锤子砸的思维模式被反复实践之后，或许在这个人的世界里，满眼看去都是钉子，因此他的应对模式就是拿出锤子来砸，不停地砸，遇到事情就砸。这就是典型的二元思维模式。拥有二元思维的人就像戴着一副黑白眼镜，在他们眼里，世界非黑即白、非对即错、非优即劣、非好即坏、非成即败、非喜即悲、非善即恶……就像我们教给孩子的反义词，它们是对立的，这种对立的思维模式又带有限制性，人们往往会忽略事情发展的中间环节、其他未看到的真相和个人的多面性。容易让人从一个极端走向另一个极端，拥有二元对立思维模式的人在生活、工作中常常限制了视野，思维僵化、为人固执，不允许异议存在。这是一种具有毁灭性的思维方式。

“二元论”的世界，是个一厢情愿的虚假世界；而真实的世界，是个多元并存的世界。所以，我们在生活和工作中需要放慢脚步，多想想其他因素。在我们遇到事情时，要看到这个世界不仅有钉子，还有被钉子扎出来的洞，有被钉子震开的裂纹或豁口，有钉子扎不进去的钢筋水泥，也有不需要钉子的墙面、桌面……我们的脑海里除了锤子之外，也需要不断放进去更多解决不同问题的工具，如扳手、钳子、剪刀、螺丝刀、锯子、电钻、凿子等。当我们的大脑通过学习，不停往思维的工具箱里放进各种各样的工具，我们就拥有了多元思维的视角；当我们用多元思维审时度势，用多元态度允许各种事情发生，我们的情绪也是不一样的，当然事情的发展结果也就不一样了。

这个过程就是拓宽自己心智阈值的过程。

认知模式来自缺失的需求

小明上学时没有带水壶，放学后家长询问小明：“老师给你水喝了吗？”小明说：“没有。”家长听到小明的回复很生气，就投诉班主任老师没有爱心，不关心学生，不负责任，冷漠……

我们可以看到小明家长的思维模式就是典型的二元对立思维，老师不给我家孩子喝水就是对孩子不好！再看家长的投诉行为，其背后是对学校、对老师，甚至对自己的各种愤怒、不满，以及对孩子的心疼等复杂情绪。那么，这些情绪背后的支持信念是什么呢？

第一个信念：我的孩子一天没有喝水，这太委屈孩子了（孩子是不是真的一直渴着，我们暂且不说，只说家长这时的认知和需求），我不能接受！这是家长潜意识中对孩子生理需求的特别关注，也就是说，这位家长在生理需求上或许有一些未被满足的经历成为她潜意识中需要各种物质来填满的黑洞。同时，当一个人生理需求未得到满足时，他的安全需求也就很难建立起来，学校、班级、老师让我有不安全感，我在这里不能被保护、被照顾，我会为我孩子的生理需求、安全需求担心。

第二个信念：老师应该爱我的孩子，关心我的孩子。这是小明家长内在自我对归属与爱的需求未达到满足，所以向原生家庭之外的社会及他人索求爱的一种表现。因为我在原生家庭里渴望得到的爱没有得到满足，我就会把索求爱的手伸向全世界，伸向身边所有的人。

第三个信念：我需要被重视，我需要被尊重！家长对尊重的需求没有得到满足，会通过各种事情敏感捕捉到，在这件事情里，我是不被重视的，我是没有被尊重的。

或许还有其他信念，这里就不一一分析解读。

情绪主要来自我们各自原生家庭中的成长经历，在各种经历与关系里，呈现出我们的很多需求是否得到了满足。

美国心理学家亚伯拉罕·马斯洛从人类动机的角度提出了需求层次理论，他强调人的动机是由人的需求决定的。

在马斯洛需求层次金字塔最顶端的是自我实现需求。作为一个人类学家，马斯洛坚信人们一出生就有强烈的自我实现的欲望，即做到他们所能做到的极致。为了满足这个终极目标，需要先满足一些更基本的需求，如食物、安全、爱及自尊等。人的需求是由低到高逐级形成并得到满足的。

马斯洛说，自我实现的人都非常自知，他们主要关注个人的成长而很少在意别人的看法，他们只对实现自己的潜能感兴趣。

在需求层次理论阶梯上，有更多的人还停留在最下面的四阶基础需求里反复索取。如果一个人的基础需求（对生理的需求、对安全的需求、对归属与爱的需求、对尊重的需求）在其原生家庭成长中一直未得到满足，他自己也没有能力在走出原生家庭之后通过学习成长做到自给自足，这个人无论年龄多大，都会兜兜转转在这未被满足的四阶基础需求里，继续向父母、兄弟姐妹、现有家庭中的伴侣、身边的亲属、朋友、同事等进行索取。索取的结果就是他和家人之间各种矛盾、冲突不断，就是我们现实生活中看到的那本“家家难念的经”。

同时，这个人也很难跨过这四阶基础需求，走向更高的自我成长的需求（对求知与理解的需求、对美的需求、对自我实现的需求、对自我超越的需求）。这也是很多老师和家长都困惑的，孩子怎么就没有主动性、好奇心、学习意愿呢？只有在童年成长过程中，生理需求、安全需求、归属与爱的需求、尊重的需求高度满足的孩子，才有足够的动力在初中、高中阶段主动跨越到对成长的需求的追求和探索中去，从而让自己有足够的动力去探索知识、探索社会、探索世界、探索自己，不停地追逐对自我的期待、对美好生活的向往，进而储备能力，积攒能量，在实践中一点一点地达到自我实现。

当一件事情发生时，我们需要觉察一下我们的自动化的应对模式、这个行为背后的情绪感受是什么，感受下面潜藏着来自内心深处的哪些需求。

提升情绪智力，调整和转化情绪

当我们看到需求，自我疗愈就开始发生了。

1990 年，美国耶鲁大学的萨罗威和新罕布什尔大学的玛伊尔提出一个概念叫“情绪智力”（简称情商）。当情绪来了，我们要考虑做些什么可以调整、转化情绪，让自己更舒服一些，同时找到更适合的解决问题的方式。

探索情绪，可以借助心灵地图——冰山原理。行为是冰山露出海平面的 5% 的意识，冰山下面 95% 的应对方式、感受、观点、期待、渴望及自我都是潜藏在海底的，是我们很难看到和觉察到的潜意识。

提升情绪智力的第一种能力——自我觉察。自我觉察指的是察觉自己的情绪、压力、弱点、价值和目标等，并能认识到它们能影响自己的行为决定。下面我们分享一个来访者案例：上小学二年级的小芳在家里写作业，妈妈一看到她的字写得不好就生气，会控制不住地指责她："你能不能写得认真点！"小芳看到妈妈生气、听到妈妈的指责，字写得更是七扭八歪……妈妈就更生气，指责、批评就更多了。

我们来觉察一下，案例中小芳妈妈的情绪有哪些呢？小芳妈妈的情绪主要有莫名的愤怒。妈妈愤怒情绪的背后是什么呢？是对小芳字写得不好的不满意。不满意的背后是什么呢？是期待小芳能主动自觉地把字写得更好一些，期待小芳是个在学习上认真的孩子，期待小芳能主动承担起自己的学习责任。为什么看到小芳字写得不好，妈妈就会有这么大的情绪呢？继续自我觉察发现，妈妈希望小芳是一个足够好的孩子，是一个各方面优秀的孩子！妈妈的这个期待来自哪里呢？来自自己童年未被充分肯定。

小芳妈妈小时候，会因为在学习上、生活上做得不够好被自己的妈妈批评、指责、挑剔甚至惩罚。而这让小芳妈妈形成了一个"我不是好孩子"的内在信念。所以，若干年后，看到小芳的样子，就像看到了自己小时候的样子，表面看妈妈不能接受的是小芳的字写得不够好，实际上她不能接受的是自己在童年时的不够好。那个不够好的自己一直藏在小芳妈妈的心里，直到看到小芳的样子，才又唤起了妈妈对那个不够好的自己的关注。

当小芳妈妈觉察到自己的愤怒情绪，以及通过不停觉察发现原来这股愤怒主要来自对自己的不满意。

提升情绪智力的第二种能力——自我规范。自我规范指的是能控制破坏性情绪和冲动，并不断适应环境的变化。当小芳妈妈看到自己内心深处那个渴望被父母看到、渴望得到父母鼓励的小孩的样子后，可以想一想：当年爸爸妈妈对自己的批评与指责的背后是什么呢？是对自己的期待，对自己更优秀的渴望。在那个年代，这是父母能给到小芳妈妈的最好的爱。虽然这种方式让小芳妈妈至今都对自己不满意。但是，今天，当已经是成年人的小芳妈妈看到了自己情绪的根源后，她突然意识到，这不是自己内心想要的妈妈的爱的方式，也不是小芳需要的激励的方式。于是，小芳妈妈毅然决定，马上停止对孩子的指责，从此不再因为学习上的事情指责小芳，而是多看到小芳的优点并发自内心地肯定她、鼓励她!

提升情绪智力的第三种能力——自我激励。自我激励指的是为达成成就而努力。小芳妈妈知道自己不喜欢这样的表达，她喜欢、期待的是父母看到她的努力、看到她的优秀，同时给予她肯定的表扬和鼓励。或许，也正是这种来自父母对自己的不满意，让小芳妈妈一直在努力学习，一直激励自己不停地超越自己。这是跳出二元思维模式，从多元思维视角看待被父母批评指责带给自己的影响——我知道我不喜欢什么样的关系、状态，我也就知道了我喜欢什么样的关系、状态，同时也能够从其他视角看到父母背后的爱。不过这不是我愿意接受的方式。

提升情绪智力的第四种能力——同理心。同理心指的是在作出决定时能考虑其他人的感受。

同理心可以从两方面展开：一方面是小芳妈妈同理当年未满足自己的父母；另一方面是小芳妈妈同理当下自己的孩子小芳。小芳妈妈的父母文化程度不太高，但是他们坚定地认为读书是小芳妈妈唯一的出路。因此，他们一直要求、期待小芳妈妈学习再努力一些、再认真一些、再优秀一些。爸爸妈妈这个期待的背后，小芳妈妈感受到了只有自己做了妈妈后才能感受到的那种“爱”。想到这里，小芳妈妈对自己的父母不再有愤怒、不满意、怨恨，只剩下温暖的爱与感谢。小芳妈妈再同理小芳，妈妈看到了自己批评、指责小芳时，她的恐惧、害怕的目光，她感受到了小芳的担心、害怕。于是，小芳妈妈蹲下来，紧紧抱住小芳，告诉她：“孩子，妈妈错了。妈妈不该这么苛刻地批评、指责你。你刚上二年级，我看到你每次写作业都在努力把字写好，而把字写好，不仅需要态度上认真，还需要你反复练习，妈妈相信，随着年龄的增长，你一定能够把字写得越来越好！”

提升情绪智力的第五种能力——处理关系。处理关系即管理人际关系，让它朝着理想的方向前进。小芳妈妈意识到自己对孩子的愤怒情绪的根源后，于是主动告诉小芳：“在我不能很好地控制自己情绪的时候，你可以主动对我喊停，然后让我自己独处一会儿，给我一点时间去安抚情绪，我自己也需要学习做调整，让我们互相理解、互相尊重，让妈妈成为你成长路上的好朋友！（这也是妈妈内心的自我，是她想成为的自己的状态和作为妈妈的状态。）

这是一个完整的，带着来访者从行为入手，探索情绪及情绪来源，以及按照冰山理论，逐层探索到海底的案例。

把自己活成“身体力行说明书”

在做青少年心理健康工作过程中，我发现很多孩子的情绪困扰一部分来自自己的成长、学习困惑，另外一大部分来自他无力面对、无法改变，同时又是他所深爱的父母的状态、关系及其他。

这也是我想写这篇文章的初衷，身为父母，对孩子而言，最好的教育不是说教，而是身体力行，是身教。我相信，这句话读者朋友在很多书里、朋友圈里都见过。我理解的是，所谓身教，就是作为父母的我们如何把自己活成一份现实版的“身体力行说明书”。当孩子和我们一起见证了成年人的成长发展经历，我相信，一方面，他能够收获很多来自身教的“润物细无声”的影响；另一方面，他通过自我认知、自我激励，一定会勇气十足地尝试着面对、解决生活和学习中的各种“挑战”。

“活成身体力行说明书”重点突出在“活”这个字上，“活”是一个过程，是一个由每一时、每一刻、每一天、每一周、每一月、每一年的经历呈现出来的面对生活中的人、事、物的过程。

“先做自己能做的”

很多家长说，我们自己人生经历平平，不知道该如何影响孩子。

重要的不是父母一定要经历什么，而是父母如何面对自己的经历。同时，又是如何与孩子一起探索这部分经历的。

我认识一位导演，他初中毕业。用了30年的时间，初中毕业的他把热爱的导演事业发展到了我们生活中的各个领域。而今，他正在构思一个能够让每个人都闪闪发光的“理想国”村落。他就像一位伯乐，任何一个人在他面前都可以被找到闪光点，并被无限放大，如果你愿意，最终能够成为你在某一领域中谋生、发展的一大优势能力。这位导演自己也是这样一路走过来的。

到了40多岁他才知道，原来他当初在初中时读不明白书里的文字，不是他愚笨，而是他有着非常严重的阅读障碍，这一度让他怀疑自己不是读书的料。离开家独自出来闯世界之后，他发现自己对于影像有着超乎常人的理解能力和视觉空间的架构能力。于是，直到现在，他每天晚上都会看一部电影，一边看一边在脑海中解读导演的艺术架构。同时，虽然他学历不高，但是他特别擅长向身边的人学习，每个人在他这里都有着不同视角的可学之处。所以，每个人都是一本立体的声像俱备的影像书。在他的职业生涯中，他就是借助每天接触不同的人一直在读“真人版图书”，这让他的成长、阅历超速发展。

回忆他的成长经历，这位导演说，他最感恩的就是他的父母，在他的学习状态很糟糕的情况下，他们并没有打击他，没有推翻他，没有强迫他一定要怎样。同时，他们允许、支持他为自己做各种选择、各种尝试。而父母自己的生命状态也是这样，无论家里、生活中经历了什么，妈妈一定会找到自己能做的并努力去做。所以，每当这位导演遇到了困难、事业发展障碍、瓶颈等，妈妈从来不会跟着他惊慌、担心、害怕，而是稳稳地、慢声细语地告诉他：先做自己能做的。

他妈妈的生命状态，让这位导演佩服得五体投地。他说，自己初中毕业出来闯世界后，遇到过各种各样的困难，无论多么艰难，都能用妈妈的这句话鼓励自己，从未放弃，一直坚持到今天。

“我可以让自己再优秀一点”

有一位高二学生，来访时他正在休学。面对复学，他内心很矛盾。他一方面认为，要尽快回到学校上课，追上同学们的学习进度。另一方面又认为，自己已经休学 8 个多月，不知道还能不能跟上学校的进度。如果知识链接不上，导致高考失利，或许自己的人生就会进入悲惨循环的模式。

在进入家庭系统咨询之后，孩子的父母从自身做起，积极配合咨询，调整自己与伴侣之间的相处模式，同时积极面对孩子当下的状态。

在家庭咨询进程中，妈妈在自己的单位也遇到了不如意、不顺心的事情，我邀请妈妈和爸爸、孩子一起分享她当下的感受、想法和新的决定。

妈妈说，这样被单位领导、同事对待，很委屈、很愤怒。同时，这也让她看到了这样的工作内容、工作方式、工作氛围都不是她想要的。在分享了这些后，她果断地说，这几天我一直在想我的人生发展，或许这是一份很稳定的工作，但同时它也限制了我未来的发展。所以，我决定结束这份工作，我喜欢历史文化、喜欢文学，我准备去重新读书，读历史专业，毕业后再重新选择一份我喜欢的工作。

孩子听完妈妈的分享，惊讶之余对妈妈充满了敬佩。爸爸也表示会全力以赴地支持妈妈的选择和决定。

咨询第一阶段结束后，孩子顺利回到学校上课。一年后，在高考前，妈妈又来约我的咨询：还有半个月高考了，孩子情绪有些紧张，希望能够做一些疏导。

见到他们一家三口，我发现，从精神面貌看，每个人都有不同的变化。一进咨询室，孩子就告诉我，妈妈已经被某大学录取了，目前正在读历史专业的研究生。我顺势问他："借由妈妈的经历和选择，你看到了什么？"

孩子说："每个人都可以为自己的人生重新做选择，无论你是什么状态，都可以经由学习变得不一样。"他分享了很多自从妈妈去大学读书后的变化及整个家庭氛围的变化。

听完孩子的分享，我对他说："我感受到你从妈妈的成长经历中得到了很多收获，虽然这是妈妈的经历，我也感受到，妈妈的经历已经在持续给你赋能了。假设即将到来的高考你考得没有期待中那么理想，你会用什么样的心态和状态面对这个结果呢？"

孩子想了想，笑着说："我妈妈 40 多岁了还有勇气、有能力为自己做选择，让自己再优秀一点，而我刚 19 岁，我更有勇气、有能力'让自己再优秀一点'。同时，我妈妈面对挑战，有我和爸爸的支持！我相信，无论我考得怎样，爸爸和妈妈都会支持我。"孩子的想法同时得到了爸爸妈妈的认可和肯定。

所有的糟糕背后都是新的成长机会

我女儿上初中、高中时都经历过学业低谷。这时，我会用我的故事鼓励她看到低谷背后新的成长机会。

2003 年，我离开学校，进入一个全新的工作领域——媒体。刚刚进入采编室，我写的稿子被一位资深编辑当着全办公室同事的面摔在地上，同时甩给我一句话：“这么烂的稿子也想上版？”

我当时感觉自己受到了莫大的羞辱，我忍着喷涌的泪水，默默地捡起地上的稿子，离开了采编室。当时我情绪低落到极点，跑到报社楼后面一个无人的角落，无声地任由泪水肆意流淌。同时，我告诉自己，你现在可以很糟糕，但你不能一直这样糟糕下去，你得让自己不一样。事后，我找到了副社长，请他为我寻找一位能带着我写新闻稿的师父。我要从零开始，拜师学艺。副社长帮我推荐了《中国教育报》北京记者站主任赵正元老师，在部门同事和副社长的见证下，我正式拜赵老师为师，跟随赵老师学习写新闻稿。

一路走来，跟随赵老师学习的过程让我终身受益。2016 年，当我离开报社自己创业时，所有的活动策划、项目书、宣传文案等都是我亲自写的。即使我从事的工作领域变了，但是这份写作能力依然在支持我工作的开展和拓维。

女儿曾问我：“你恨摔你稿子的编辑吗？”

我说：“不恨，我反而很感谢她。她摔了我一篇稿子，同时也摔醒了我对自己的认知！我不学习，我的工作能力就会被同事、领导看不上，只有学习才会让我更优秀，才会让我不被摔。”

这是我曾经和女儿分享的我人生经历中的一部分。这份人生经历里，有我跌落低谷时的真实感受与状态，也有我如何看待这份经历带给我的不一样的成长视角，更有借由这份经历，我为自己能爬出谷底做出的新选择，以及如何完成自我超越的践行过程。

我相信，不用讲太多的道理，当我把这份经历讲给孩子听，孩子借由我的个人状态、工作发展、事业推进等看到我如何面对困难、如何处理各种人际关系、如何突破瓶颈等，她自然会有所收获。

我想，把自己活成身体力行说明书的过程就是为“身正为范”做解读的过程。无论当下的自己是什么样子，只要我们用心感受自己，真实表达自己，有计划、有目标地提升自己，为了心中的那份理想努力不放弃……我们一定能取得成功。我相信，我们的孩子一定在身边用心品读着我们“活”出来的这份精彩的生命说明书。

助力孩子朝着梦想奔跑

在电影《银河补习班》中，父亲马皓文对儿子马飞说："人生就像射箭，梦想就像箭靶子。如果连箭靶子也找不到的话，你每天拉弓有什么意义？"他带着儿子去看航展，鼓励孩子拥有梦想，马飞在初中时就立下了当航天员的志向。

有梦想的孩子，遇到再大的挫折也不会轻言放弃，他们会下定决心让问题迎刃而解、坚持把事情做好！梦想就是他们挑战困难最有力的理由！当一个孩子有了梦想的支撑，他的内心就会有足够的能量助推他向前奔跑。

和孩子一起寻找让他情有独钟的"箭靶子"

二宝在生活中喜欢各种玩耍方式：爬山、游泳、骑行、挖沙子……在家里玩得比较多的就是画画，在纸上、黑板上各种画。有的我能看懂，也有很多我看不懂。每次画完，她都会拿着自己的画叽里呱啦地给我讲一通，这是谁，在做什么，这是什么……吧啦吧啦说个没完。我会适当地给她回应：“哦，这样啊！哦，真的，你画得很形象。天哪，这是你画的啊？真可爱……”

然后，她就带着满满的成就感又去画画了。她还经常在地板上画、在茶几上画、在床单上画……虽然我提出过各种建议，她依然一激动就把家里的家具、地面等作为“画纸”。

我曾问过她：“将来你长大了做什么啊？”她头也不抬地告诉我：“当画家，我要画很多很多的画。”

二宝还喜欢看电视剧，但是只看《重案六组》，警官季洁是她的偶像。有时她和小伙伴在楼下玩游戏或疯跑，也会告诉我，她以后要做警察。

事实上，未来二宝选择做什么并不重要，重要的是让她先在心中搭建一个自己热爱的、情有独钟的“箭靶子”。或许这个“箭靶子”会随着年龄增长、学识增加而发生改变，没关系，只要她心中一直有一个“箭靶子”就好。这个“箭靶子”会成为她努力、积极、向上的引领目标。

让梦想成为孩子奔跑的动力

我的咨询室中，有一个高三的来访者，他一直处在青春期的迷茫状态中，学业成绩不理想……直到高三上学期结束，他才清晰了自己的梦想——成为一名医生。当他坚定了自己的梦想之后，整个高三后半年，他成了别人家孩子的样子。别人用三年时间学习的知识，他在这半年内全部学完，每天的学习时间都安排得满满的，分秒必争，目标就是要达到目标高校的录取标准。

他的学习状态让父母很心疼。妈妈会带着责备的口吻说，早知道今天需要这么拼命，早点努力学习多好。孩子却说：“早点我也没有力量去努力啊，我都不知道自己要什么，怎么能努力呢？”

电视剧《我的阿勒泰》中的女儿李文秀虽然学历不高，却有着成为一名作家的梦想。她在打工时、在回到草原后，这个梦想一直在她心里燃烧，虽然这个梦想从一开始就屡遭现实的各种打击。但是，李文秀依然坚持自己的写作梦想，认真记录着生活的点滴细节。同时，妈妈张凤侠的支持，给予了李文秀莫大的助推力量，让李文秀可以越加勇敢地“去写、去爱、去受伤”。

是的，每个人都需要为自己的努力找到一个方向，一旦内心深处种下了梦想的种子，它就会在前方向你招手，呼唤你、吸引你不停向前奔跑。

第六章

“爱”是润滑剂，更是助推剂

当二宝来了，如何对待大宝

当二孩成为家庭中新添加的成员，在某些方面对大宝的存在或多或少会有一定的影响。我身边有很多朋友在家里有了二宝之后，都会为如何协调大宝和二宝的关系而烦恼。

大宝、二宝之间在争抢什么

听到很多朋友讲述大宝各种不欢迎二宝的表现，追根溯源就是一个词——“争爱”。

对大宝来说，因为二宝的到来，自己会失去父母的很多关注。没有二宝的时候，父母对大宝的爱是 100%，但二宝来了，父母势必会被刚出生的二宝分走 50% 甚至大于 50% 的注意力。这种关注度被迫减少，对大宝来说就是严重的失去。面对两个孩子，父母是无法做到“公平”的。因为无论父母怎么做，对由 100% 关注减少到 50% 关注的大宝来说，都是“不公平”的。而对二宝来说，得到多少都是全部，二宝会自己消化。

在二宝到来之前，大宝和二宝的关系建设很重要

要清晰地、反复地告诉大宝，二宝是谁。

在知道怀了二宝的时候，我会经常认真地告诉大宝，我们正在期待一个全新的生命到来。无论他是弟弟还是妹妹，他都不是来和你抢夺爱的敌人，他是除了爸爸妈妈之外，在这个世界上和你最亲近的人。他的到来，让我们的家庭多了一个成员，让我们家的团队更壮大，同时，他也是来爱我们的人。因此，等他出生之后，我们要一起关照他、疼爱他。

在孕期，我会邀请大宝帮忙擦妊娠霜，会邀请她摸着妈妈的肚子感受胎儿的胎动，还会邀请她和妈妈一起给胎儿讲故事、聊天，分享我们生活中的大事小情。

我也会经常和大宝一起探讨，二宝出生后，家庭中的每个成员怎么做，才能更好地照顾到他。

比如，我对孩子说："当他来了，我会经常抱着他，给他喂奶、哄他睡觉、给他洗澡等，甚至在他刚出生的时候，妈妈会有一个多月的时间不出房间，陪着他更好地适应离开妈妈的肚子来到我们家里的生活。这样的话，妈妈每天就只有一部分时间和你玩了。如果是这样，作为姐姐你可以做些什么，让自己更快乐？你能和爸爸妈妈一起照顾弟弟（或妹妹）吗？"

在大宝说自己能做什么的时候，我们会认真倾听，无论她说做什么，我们都对她表示肯定和感谢。我们会对她说："谢谢你，这么努力地做你能做的事情，来帮爸爸妈妈照顾弟弟或妹妹，帮爸爸妈妈分担很多新的工作。"甚至还可以提醒她，她可以做些什么让自己的生活有意思、不

孤单。

让大宝了解到，因为弟弟或妹妹尚小，他出生后需要父母比较多的照顾。同时，也要先预告弟弟或妹妹出生后可能发生的状况。比如，二宝来了，他会陪你玩玩具，也有可能因为他还不知道怎么玩，容易弄坏玩具，你要多多协助他。

一家三口经常一起探讨、交流当二宝来了，生活会发生哪些变化，二宝在出生后会有哪些需求，家庭中的每个人分别可以做些什么，能让家庭关系更融洽、生活更顺畅。

这样，大宝在心理上就有了二宝出生后爸爸妈妈每天会做什么事情的各种生活状况的预设，而且对自己在没有爸爸妈妈的陪伴下能做什么事情也有了前期的设想和计划。

在二宝出生之后，更多关注大宝的情感需求

即使在二宝来之前，我们已经给大宝做了很多关于“接纳”的心理铺垫，但是，当二宝真的来了，大宝还是会有各种不接纳的表现或者被冷落的表现。因此，在二宝来了之后，我们要开始各种立规矩。

二宝来了，大宝最在意的是资源分配，这里的资源指的是爸爸妈妈的注意力和态度，也就是爸爸妈妈的时间都给谁、更疼爱谁。大宝的心理和精神还在成长，需要更多的关注。因此，立规矩的时候我会偏袒大宝，给大宝更多的注意力，因为养大宝投入了更多的成本，而对大宝来说，更多的是失去，对二宝来说，给多少关注都是100%。

在我家，有时妹妹抢了姐姐的玩具，我从来不去断是非，不要求大宝谦让妹妹，而是让她们俩自己处理。处理原则是：真正解决问题，没有彼此伤害，同时让对方感受到爱。如果姐妹发生争执，两个孩子先要

学会互相道歉，再表达自己怎么做才能让事情发展得更利于每个人的需要。生命体以自己能否生存为主要竞争力，孩子未来的生存能力都是在小时候自己解决问题时磨炼出来的。从小就教导孩子谦让，会毁了他未来自由向上的生命力。

亲子时间重质不重量，我会每天留出一个时间段和大宝单独相处。这个时间段就是给大宝的，此时要把二宝留给家中的其他照顾者。利用这个时间可以和大宝一起玩玩具、读绘本、散步、聊天等，让大宝独自享受和妈妈在一起的亲子时光。同时，我会经常告诉大宝：虽然爸爸妈妈不能有更多的时间陪伴你，但是爸爸妈妈还是像原来一样爱你。

爱，就像一个长在心里的蓄水池，你得到的爱越多，这个水池就会越大、越充盈。只有在童年得到足够多的爱，长大以后才会变成一个智慧、宽容的人；孩子只有在童年得到足够多属于自己的爱，长大以后才有能力去爱自己、爱别人、爱这个世界。

孩子之间有冲突，父母如何调解

无论是兄弟姐妹，还是同学、伙伴，孩子之间有冲突，都是一件很常见的事情。冲突是孩子成长过程中不可避免的一部分。孩子可以在冲突中学习如何处理人际关系，如何表达自己的意见，如何理解和尊重他人的感受。

所以，当孩子发生冲突时，父母先不要紧张，更不要马上介入。我们要给予孩子学习处理冲突的机会，让他们自己尝试去解决。如果孩子之间的冲突升级，影响了正常的秩序，我们再适当介入调解。

三年级的小男孩东东（化名），因为习惯性揪自己的眉毛来做咨询。第一次看到东东时，他的两条眉毛被揪得光秃秃的。在和东东的访谈中，我感受到东东对弟弟充满了恐惧。他说："弟弟经常莫名其妙地打我，让我看到他很害怕。我不知道如何和弟弟相处。还有，只要我和弟弟发生冲突，爷爷就会说我，让我谦让弟弟。这让我觉得很不公平、很委屈。"

面对孩子之间的冲突，父母需要怎么做呢？

倾听每个孩子的陈述，看到每个孩子的情绪感受

当两个孩子发生冲突后，我们可以邀请每个孩子分别讲述一下事情的起因、经过、结果。倾听孩子讲述的过程，可以让孩子感受到自己是被尊重的。

同时，在冲突中每个孩子的情绪都是值得被关注的。我们要看到冲突中每个孩子的感受，并及时回应他。例如，听你讲述了事情的过程，我感受到这件事情的发生让你有些委屈，也有点愤怒。

在东东的案例中，我感受到东东作为哥哥被弟弟打时很委屈、很愤怒，同时也看到了哥哥对弟弟的爱。哥哥比弟弟大 5 岁，按年龄来说，哥哥是有足够的力量打倒弟弟的。事实上，哥哥一直没有打过弟弟。因为哥哥爱弟弟，不想伤害他。在咨询中，我引导父母看到哥哥内心深处的爱，哥哥瞬间泪流满面，委屈地说："即使我这样做了，他们还是让我谦让弟弟。"我引导妈妈回应哥哥说："是的，妈妈看到了你这么长时间的谦让和隐忍，同时也看到了你心里的委屈和愤怒。"哥哥的情绪一下子喷涌而出，他失声痛哭了好久才平复下来。

倾听的过程，可以让父母更深入地了解孩子的情绪情感状态，也便于父母了解孩子经历的事情真相。

帮助孩子换位思考的同时建立与人交往的界限

在调解冲突的过程中，换位思考就是引导孩子从对方的角度去思考问题，让他们学习感受、理解对方的想法和感受，让他们学会宽容和谅解，减少冲突的发生。

界限是人与人之间内心的自我边界，也就是我们常说的底线或者分

寸。所谓边界感，就是在任何关系中都要懂得适可而止。俄罗斯作家邦达列夫曾说：“人类一切痛苦的根源，都源于缺乏边界感。”建立边界感是孩子成长中的重要功课。

有一次，二宝在小区里遇到了拿着一箱子玩具的可可。二宝特别开心地迎上去，想要和可可一起玩他箱子里的玩具，结果被可可坚定地拒绝了。二宝很伤心，我问她：“如果你有一箱子玩具，你的玩具要给谁玩听谁的？”二宝认真地看着我说：“当然听我的！”我说：“是的，可可的一箱子玩具想给谁玩听谁的？”她马上说：“听可可的。”我说：“是的。设想一下，当你带着一箱子玩具出来玩，很多小朋友都要和你玩，你会怎么做？”二宝想了想说：“谁都不给。”我说：“是的，你的玩具，你有权决定给不给小朋友玩，给谁玩，是不是？”她说：“是。”

我接着问：“现在你还生可可的气吗？”她说：“不生气了。”我说：“你理解他了，这是他的玩具，他有权利做主，现在你也学会了尊重他的决定，而不是去抢玩具。”这个过程，正是父母引导孩子学习认识边界、尊重对方边界的过程。

二宝说：“妈妈，我还想去和可可玩。”

我说：“好啊，你需要想想怎么说或怎么做才能和他玩。”

这是帮助孩子学习处理关系的重要一点：寻找适合的解决方案。

寻找适合孩子的解决方案

寻找解决方案可以让孩子知道，冲突并不可怕，只要想办法，问题就是可以解决的，同时实现自己的目标。

一名五年级的男孩被同班同学家长举报霸凌同学。在访谈中，我问他，对于被举报的事情，你怎么想？他垂头丧气地说：“我不担心 ××

妈妈的举报，我担心的是 ×× 同学以后再也不理我了，更担心我们班同学从此不和我玩了。”说到这里，孩子的眼泪喷涌而出。对一个孩子而言，或许他还不懂得被举报的后果是什么，他只知道没有伙伴让他多么担心和害怕！

我问他：“如果你不希望这样的事情发生，你会为你期待的好的结果做些什么呢？”他说：“我想和 ×× 见一面，我想跟他说对不起，请他原谅我。”

我和班主任沟通后，为两个孩子创造了一次面谈机会，一小时之后，两个孩子互相搂抱着走出了访谈室。

被定义为“霸凌”的事件，就这样被孩子们之间真诚的道歉和友好的表达解决了。或许，这本身也不该被定性为“校园霸凌”。

对于孩子而言，解决方案或许不一定是大人们认可的、合乎所谓的流程或者符合规矩的，只要是适合他们自己的，让问题不再是问题的就可以。

你会发现，很多时候，无论孩子之间发生了什么，孩子们想到的解决方案远比大人们想到的办法更简单、更智慧、更适合关系重建和深入发展。

会爱自己，是孩子一生的功课

英国政治家哈利法克斯曾说："一个懂得恰如其分地热爱自己的人，一定能恰如其分地做好其他一切事情。"

我非常认同这句话。

在咨询个案中，我经常会遇到自我伤害的孩子。他们一旦被一些情绪影响而自己无法处理时，就会用利器伤害自己。

每一个孩子来到这个世界，都是被欢迎的、被祝福的，每个孩子都是值得我们去爱的，更是值得他自己爱的。因此，会爱自己，是每个孩子一生的功课。

第一，引导孩子尊重自己的感受

当孩子有感受时，很多父母是不允许孩子表达的。"不许哭！男孩子要勇敢，把眼泪擦干！"很多父母会用语言抑制孩子的情绪表达。被压抑了情绪的孩子在父母一次次的呵斥中，学会了不去表达或不敢表达情绪。很多小学二三年级的孩子就不再和父母说心里话，有了自己内心的秘密。当孩子可以自由地向父母表达自己的气愤、伤心、难过、委屈等，他才被感受到，他才有“我很重要”的感觉。同时，父母也要学习给予孩子积极的回应。

第二，教孩子接纳真实的自己

二宝的一条腿上有胎记，颜色很深，整条腿都是。有一次，一个小朋友嘲笑她：“你腿上的紫红色印记是什么？真难看！”听到伙伴的评判，她顿时愣在那里。我走过去拉起她的手告诉她：“这是胎记！是妈妈在你身上留下的爱的记号。有了这个记号，无论你走到哪里，妈妈都会很容易找到你。”她马上开心地回怼那个小朋友：“这是我妈妈给我身上留的记号。这叫胎记。”

那个小朋友继续说：“为什么我没有？”

二宝得意地告诉她：“因为你妈妈不爱你呗！”

小朋友因为自己没有被妈妈爱的标记哭了……

我告诉小朋友：“每个孩子都是自己妈妈的最爱，每个妈妈都会在自己的孩子身上用自己的方式留下记号。你可以回去和妈妈一起找找她留在你身上的记号在哪里。”

在这个世界上，没有两个完全一样的人！所以，我们要学会允许自己的孩子和别人不一样。只有父母允许了，孩子才能够接纳真实的自己。

第三，引导孩子照顾好自己的身体和生命

我有两个女儿，平时和她们说得最多的就三句话：

第一句，昨天晚上睡得好不好？

第二句，今天你心情怎么样？

第三句，今天学校的伙食好吃吗？

孩子小时候总是对零食充满各种欲望，每当孩子有需求时，我都会说：“是，看那花花绿绿的袋子和漂亮的颜色，如果我是小孩子，我也会很喜欢。我们可以买一个尝尝味道。”

为什么不能多买？开始时孩子经常会这样问，我说：“因为我不希望这些带着各种添加剂和色素的食物伤害我女儿的身体。”后来说得多了，果果也会在看到花里胡哨的零食袋子时和自己这样说。

二宝上小学了，她开始逐渐学会选择食物，对身体有利的吃，其他的可以尝尝，但要少吃。

果果上初中之后，就在学校住宿，她更开始关注自己的健康饮食。她很少摄取各种酸甜咸辣的重口味零食。周末回家，她会研究健康食谱，给我们做营养餐。

在两个孩子成长的过程中，我经常和她们分享熬夜给身体带来的伤害、中医讲的睡眠的重要性。尤其是果果长了青春痘之后，我告诉她，不规则的睡眠也是长青春痘的原因之一。由于我从小就给两个孩子灌输早睡不熬夜的观念，后来果果上了高中都很少熬夜。

第四，看到自己做得好的部分

孩子的内心是否强大，主要看父母能否引导孩子看到自己做得好的部分！

孩子的成长过程就是一路犯错的过程。当孩子犯了错误，父母要放下外界的评价，看到在错误中孩子做得好的部分，给予孩子认同和欣赏，这样既能够让孩子更加自信，也有助于孩子自我肯定，学会辩证地看待自己的行为，同时更关注做得好的部分并自我鼓励，从而为孩子的内在注入强大的力量。

比起让孩子学会爱爸爸、爱妈妈、爱朋友、爱老师，更重要的是教会孩子爱自己。爱自己不等于自私自利，更不等于损人利己。爱自己就是接受并允许自己活出最真实的样子。

爱是滋养，需要互相传递

爱是一个古老而经久不衰的话题。

在家庭关系中，爱是最重要的滋养，这也是爱的最高境界。给予爱是人类的本能，而学习爱是大多数人的功课。

作为父母，让我们闭上眼睛，感受一下自己当下的状态，然后问问自己：在这个家庭中我感受到爱的滋养了吗？我给予自己的爱、给予伴侣的爱、给予孩子的爱对方都能感受到、接收到吗？

只有能被对方感受到的爱，才能真正在关系中流动起来。

只有能被对方接收到的爱，才在关系中互相传递着。

会爱自己，才有能量爱家人

近几年，“断亲”成为社交媒体上频繁被提起的话题，这里要断的“亲”已经从两代以内的亲戚逐步发展为双亲。

畅销书作家李雪的公众号里有一篇文章叫《治疗抑郁第一步：断亲》，文中说：抑郁症都是养育者造成的，物理远离给你制造痛苦的双亲，是自救的第一步。然后就是自己精神上的“刮骨疗伤”—— 斩断对父母爱的幻想。

或许父母看到这句话会瞬间“心绞痛”，因为很多父母把自己全情地奉献给了孩子、家、伴侣。遗憾的是，在这份爱的奉献里，却唯独没有“爱自己”。

事实上，这篇文章从另外的视角给了我们一个新的思考。为什么要斩断对父母爱的幻想？在持续做青少年心理健康咨询这十多年，我亲眼看见许多孩子的痛苦主要来自养育者：孩子很难从父母这里得到想要的爱、渴望的爱、能真正滋养自己的爱。当孩子无法一直等待父母去重新学习爱自己、爱孩子时，或许让孩子“斩断对父母爱的幻想”是孩子自我拯救的唯一途径。

当然，这不是我写这篇文章的目的。

我想告诉各位养育者，爱满方自溢，我们无法给出自己没有的东西。当我们不会爱自己时，我们也就无法真正地爱家人。

所以，只有我们会爱自己，才有能量爱家人。

如何爱自己呢？爱的前提是懂自己。

懂自己身体的需要。身体是自己的，没有人能代替我们自己去感受它。当你累了的时候，就放下手头的所有事情，去泡个热水澡让身上每一个毛孔都得到放松，去小憩一会儿让疲惫的身体在睡眠中得到调整，甚至去爬山、去晒太阳、去旅游等。总之，用你最喜欢的方式让身体去休息、去放松，给予身体真正的重视和妥贴的照顾。

懂自己的情绪情感。生活中总会有各种心烦、痛苦的事情，我们可以给自己一个空间慢慢感受自己的情绪，无论它是什么，让我们安静地和它在一起。也可以约上自己的闺密，把这份情绪一股脑儿地像倒垃圾一样倾诉出去。也可以在夜深人静时，把这份无法言说的情绪泼洒在字里行间，让文字帮我们梳理这份情感……选择哪种方式并不重要，重要的是你和情绪共处的过程中，学会了为自己的内心浇灌平静、放松、喜悦等，从而更加了解自己、更懂自己。

懂自己的各种能做到和各种做不到。简单来说，就是我们对自己要有要求，同时也要有足够的允许。追求“完美”会把我们逼上绝境。能够“正视”自己才是对自己的中正认识。

懂自己的梦想与现实。列出自己的梦想清单，在现实中向梦想进军，明晰梦想中的目标，明确自己的规划方向，生活才会过得充实饱满、动力十足。

每个人对爱的需求不一样，让我们学会探索自己对爱的需求和渴望，先学会自给自足……只有我们学会用爱滋养自己、丰富自己，才能推己及人，才能学着懂别人，才有能量爱别人，别人也才会用我们需要的方式爱我们。

卓别林有一首小诗：

当我开始真正爱自己，
我不再继续沉溺于过去，
也不再为明天而忧虑，
现在我只活在一切正在发生的当下。
今天，我活在此时此地，
如此日复一日。
这就叫“完美”。

谨以此诗送给所有从当下开始尝试学习爱自己的人。

夫妻之爱，爱情、激情是前提

很多大咖在做亲密关系分享时都提到这句话：夫妻之爱，是家庭中的“定海神针”。在家庭关系中，夫妻关系排在第一位。

对于夫妻来说，重要的功课除了先学会爱自己，还要学会保持夫妻之间爱的流动与传递。

最持久的夫妻之爱就是初见乍欢，久处不厌，但这种关系状态是需要双方同时做功课的。

在我的来访者里有一对夫妻，他们是因为女儿厌学来做咨询的。在问及夫妻关系时，二人瞬间沉默。我邀请他们分别给自己的爱情、激情、亲情、友情打分，满分是 100 分，他们俩给自己的爱情、激情同时打了 0 分，而亲情分几乎都在 80 多分，友情也只有 10 分、20 分。

我对这对夫妻说，如果你们进入到已经无数次想离婚的状态，我很难借由支持你们同时支持调整孩子的状态。妈妈听完这句话顿时泪流满面，无声地哭泣起来。丈夫看着妻子的状态说：“果老师，我不想离婚，怎么办？”

我问他：“你觉得能让婚姻重新继续的重要指标是什么？”丈夫说：“让爱和激情回来。”我说：“是的。如果你能重新去和妻子谈一场恋爱，当你把你和妻子之间的爱找回来了，我相信，孩子不用来咨询室，她自己就会回到学校了。”

后来，这位丈夫用了近半年的时间，重新和妻子建立关系，用心去修复这段受伤的感情。半年后，他的妻子告诉我，她重新找回了爱的感受，而孩子也顺利回到学校去上课了。

好的夫妻之爱，是以爱情、激情为前提，同时分别明确自己在夫妻关系中的身份，男人是女人的丈夫，女人是男人的妻子。在此基础上，彼此之间都需要对方给予自己一定的尊重、理解、支持、肯定、包容，同时彼此又能够有自己的时间和空间，也能互相分享自我的喜怒哀乐等情绪情感。

夫妻之间的爱，是生命的彼此陪伴。

亲子之爱，身教更容易激发孩子的生命能量

在当下的亲子关系中，“己所不欲，强施于人”的状态好像更普遍一些。刚刚结束的家庭教育工作坊里，爸爸妈妈们分别吐槽了自己孩子当下糟糕的状态，厌学、不愿写作业、磨蹭拖拉、上课不专心、情绪暴躁、伤害自己、与同学总有矛盾冲突、和父母对抗、手机游戏成瘾……在探索孩子行为状态背后，我们发现：惊人一致的结果是父母都在按照自己的期待养育孩子，而完全忽略了孩子的感受和需要。甲之蜜糖，乙之砒霜，比喻虽然严重了些，但小狗把自己最爱的骨头给了好朋友小兔，小兔真的需要骨头吗？

一个五年级的男孩来做咨询，他吐槽父母的高管控，家里和他有关的所有事情都是妈妈说了算。他说：“连自己放个屁，妈妈闻到味道都会追问：‘你中午吃了什么？为什么这个屁这么臭？’我经常会想，活着的意义是什么？人应该怎样活着？是不是所有的孩子都像我这样为了妈妈想要的样子活着？”

古罗马哲学家塞涅卡曾说：“教诲是条漫长的道路，榜样是条捷径。”父母作为孩子的第一位老师，所有的言行举止都是孩子模仿学习的对象，父母的教育藏在生活的方方面面。

一个初一的男孩经常会和老师发生冲突，与家人说话也经常出言不逊。在与家庭成员同步咨询中，我发现爸爸和爷爷奶奶说话时非常不客气，而且语气强硬中带着不尊重。爸爸妈妈之间的沟通方式也是互相指责、挑剔、嫌弃……在这样的家庭环境中长大的孩子，被浸染和熏陶的品行里根本没有敬畏和尊重，在生活中孩子如何能够做出来呢?

对孩子来说，最好的养育莫过于身教。

如果你希望孩子言谈举止懂礼守矩，请你让孩子看到你在家庭里尊老爱幼的样子;

如果你希望孩子热爱学习、热爱读书，请你让孩子看到你在家里读书的样子;

如果你希望孩子热爱生活、积极向上，请你让孩子看到你满怀热情地把家里的日子过成诗歌的样子;

…… ……

在小红书上，流传着一位准妈妈写给自己即将出生的宝贝的话:

宝贝你好

与我分享过心跳的人

生你是我的意　养你是我的责

你的出现也是爸爸妈妈成长的开始

我们不是你的前传

你也不是我们的续篇

你只需要做你自己

我们先你一步长大　替你扛下风雨

再回头疼爱你教你人情世故

我们不会要求你替我们撑门面

如果你平凡　那就承欢膝下

如果你出众　那就展翅高飞

希望我们对你的爱

不会让你感受到童年贫瘠

也不会让你觉得成年窒息

愿你有不伤人的修养

也有不被人伤的气场

读完这段话，不知你有没有被这些文字触动？

对孩子来说，身教背后的爱或许是最好的滋养。

爱是孩子自我“内卷”的重要动力源

“内卷”本意是指原来人们努力就能得到的东西，现在需要加倍努力才能得到。造成“内卷”的主要原因是资源有限，竞争变大。

当下，人们常常用“内卷”形容孩子们的学业竞争状态。

我个人认为，孩子可以自己“内卷”，但是这个“内卷”的动力不应来自父母等外力，而应来自内力——内在自我对自己的要求和期待。这也是很多父母对孩子的期待。

当下，很多孩子“内卷”的力量来自父母、老师或同学。所以，孩子们卷得很被动、很无奈，甚至内心很抵触、很抗拒。同时，很多孩子开始放弃“内卷”，并不是他不希望自己足够好，而是因为他没有储备“内卷”的能量。

储备足够多能量的爱是孩子“内卷”最重要的动力源！

什么是储备足够多超能量的爱？

首先，孩子的情绪被理解和接纳

五年级的小壮经常从晚上 7 点开始写作业写到夜里 12 点。孩子对写作业非常厌烦，但是这些情绪不但不被父母看到，还会被父母持续唠叨：你怎么这么磨蹭？写作业比大学生写论文还难，半天写不了三个字……甚至有时父母忍无可忍，还会对小壮动手。

当孩子对写作业很抵触时，说明他的情绪需要被关注，我们要了解，他为什么对写作业烦躁、拖延、抵触？是不是他遇到了困难？这个困难他自己能面对吗？是否需要父母陪伴他一起寻找方法？

在咨询中，小壮告诉我，他不喜欢写作业的原因有以下几个。第一，如果他很快写完了学校的作业，还有妈妈准备的作业要写，这让他觉得写作业是一件没有尽头的事情，所以他会尽力耗时间。第二，在写作业之前、写作业过程中，妈妈都会各种唠叨、催促、指责等。这让小壮觉得写作业就是受虐的过程，要持续承受妈妈的精神蹂躏。第三，无论小壮的作业写得多好，妈妈都能挑出问题、挑出不好的地方，这让小壮对写作业一点信心和热情都没有了。

对小壮来说，他拖延写作业不是学习能力出了问题，而是内在情绪出了问题。

在介入咨询后，咨询师首先接纳了小壮的所有情绪，也引导小壮的父母感受和接纳小壮的情绪。经过一段时间调整之后，小壮的状态有所好转，他每天能在 10 点之前睡觉了。

其次，孩子需要在生活中找到更多成就感

检验一个孩子是否在生活中、在成长经历中收获了成就感，只需要让他给你讲他觉得好玩、让他觉得他很厉害、只有他会而其他人都不会、至今都让他记忆犹新的事情……孩子讲得越眉飞色舞、越津津有味、越停不下来……这件事带给孩子的成就感越多，对孩子越有影响。

果果上小学一年级时，语文老师经常会安排听写作业。当时，我自己工作也忙，回到家要赶紧准备晚饭。我就把手机交给她，告诉她手机上有一个功能键——录音。教会她使用录音键后，我就继续去做晚饭，她自己录需要听写的字词。第一次录，她读得太快。结果一听写，第一个词语还没写完，手机里第四个词语都读完了……她跑到厨房问我怎么办。我反问她："你知道自己写一个词语要用多长时间吗？"她说不知道。我说："可以试一试，你自己写一个词语，用手机秒表记录时间，然后在这个时间的基础上再加 10 秒种，每读完一个词语，你就空出了默写的时间，看看效果怎么样。"

我继续做晚饭，她回房间自己试验这个方法去了。

吃晚饭时，果果得意地告诉我，她自己一个人也可以完成听写任务了！这个借助手机等设备自己学习的能力一直支持她到现在。

上小学时，果果经常和小朋友们在小区里游戏玩耍。小区里有一座假山，山顶上有三块大石头围成了一个宽大的"U"形，这里就成了他们的"秘密基地"。果果每天从家里带走各种玩具去搭建、装饰基地，因此，院里好几个小朋友每天都来找果果去"秘密基地"玩。后来，果果告诉我，小伙伴们特别愿意听她的建议。我问："为什么？"她说："因为我的建议新颖好玩。"

上初中、高中后，她身边愿意和她一起玩的小伙伴一直很多。对孩子来说，无论自己处理问题的能力还是同伴的认可追随都是她能感受到的，让她为之兴奋、开心，甚至感到有成就感。

最后，孩子需要找到自己存在的价值和意义

对孩子的成长来说，深入生活是对孩子最好的滋养。因为，在深入生活的过程中，孩子可以逐渐感受到自己存在的价值和意义。

果果上小学三年级时，有一个周末，我去单位值班。中午时，外面突然风雨交加，我想起家里阳台的窗户都开着，还有昨天晚上晾在阳台上的衣服……这下阳台要潲进雨水了，衣服也得被淋湿。下班后带着忐忑不安的心情回到家，令我惊喜的是，阳台的窗户是关着的，衣服也被收下来并叠好放在沙发上。这一切都是果果做的。我内心充满喜悦与感动，我告诉果果："今天幸亏有你在，否则，咱家的阳台有可能被大雨浸泡，衣服也有可能都被淋湿……"我隆重地向她表达了谢意，仅仅通过这件小事，就能看到她在家里有多重要。同时，也希望她能从妈妈的表达里慢慢感受到自己在家里的重要和意义。

果果从初一开始住校，每学期开学，她都会提前半天到学校，去宿舍做卫生，提前买好各种清洁剂，擦床、擦地、擦马桶、清洗卫生间等。

无论是家庭生活中还是在学校，她都会抢着做事，家里遇到大事小情她也会给我一些建议，只要是有道理的，我们基本会尊重和听取她的建议。

有一次，全班很多同学都抱怨一位老师，并想打 12345 投诉这位老师。果果主动邀请了几位同学一起找老师做了面谈，把同学们的需求清晰地表达出来，同时也表达了对老师的期待。老师很快调整了自己的状态，用学生能接受的方式和他们重新建立起联结。

后来，我在参与妇联工作中了解到有些贫困地区的贫困儿童需要支持，我和女儿陆续给 7 个不同地区、不同年龄段的孩子捐助了学费。其中有一对云南的姐弟，我们持续捐助到现在。

我有一个来访者是高三的孩子，他告诉我，自己偷偷做了一件事，当他告诉我时，我是第一个知晓者。这也是他送给自己的 18 岁礼物。他在中国人体器官捐献管理中心为自己做了注册登记，成了一名人体器官捐献志愿者。

我问他，为什么要做这样的志愿者？他说：我活着有活着的价值和意义，我离开后，也依然可以有我的价值和意义，这是我留给这个世界最后的礼物。

那一刻，我被这位高三男孩的话语深深震撼，感动的同时又心生敬佩！

在生活中，孩子被父母、其他家人、伙伴、老师等人需要的越多，他就越能感受到自己的重要，感受到自己的价值感。同时，学习和成长经历也会让他们加深对存在感、意义感、价值感的体验和认知。作为养育者，我们只需做到理解和接纳孩子的情绪，在生活中和孩子一起找到更多的成就感，慢慢感受自己存在的价值和意义。如此，孩子也就持续启动了为自己储备“内卷”的能量和能力。